Colección
EMPRENDIMIENTO
Y CRECIMIENTO PERSONAL

Pan House
Casa Editorial

Editorial PanHouse
www.editorialpanhouse.com

Edición general:
Jonathan Somoza
Gerencia general:
Paola Morales
Gerencia editorial:
Barbara Carballo
Coordinación editorial:
Daniel Valente
Edición de estilo:
José Antonio Palacios
Corrección editorial:
Luz Llaguno
Corrección ortotipográfica:
Yessica La Cruz
Diseño de portada:
Giezi Avilés (Giezi Graphics)
Diseño y diagramación:
Aarón Lares

ISBN: 978-980-437-255-1
Depósito Legal: DC2023001258

CONSTRUYE TU RUTA

ACTIVA TU GPS Y VIVE UNA VIDA PLENA

CARLOS • FIGUEROA

Fundador de GANA tu día

ÍNDICE

Elogios para *Construye tu ruta* 11
Dedicatoria 13
Prólogo 15
Introducción 19

1

COMENCEMOS POR SABER QUIÉN ERES REALMENTE 23
¿Qué estás esperando? 25
¿En qué sobresales? 28
¿Qué te falta? 31
¿A qué le temes tanto? 34
¿Por qué te hablas así? 37

2

RECARGA TU BATERÍA 41
¿Así quieres que te perciban? 43
¿Por qué te haces daño diariamente? 46
¿Qué esperas para levantarte? 49
¿Tratarías a alguien así? 52

3

SINTONIZA LA FRECUENCIA QUE DESEAS 55
¿Hacia dónde está tu mirilla? 57
¿Habrá sido equivocarte lo mejor que te ha pasado? 61
¿Qué puedes regalarle a esa persona? 64
¿Y si lo utilizas como alarma? 66

4

CALIBRA EL GPS DE TU VIDA 71
¿Hacia dónde te diriges? 73
¿Sabes lo que podrías lograr? 77
¿Cómo lo haces? 80
¿Por qué lo haces? 83

5

CREA TU PROPIO LIBRETO 87
¿Me enseñarías tu cuarto? 89
¿Qué vas a hacer mañana? 92
¿Qué quieres hacer hoy realmente? 94
¿Cómo crees que lo vas a lograr? 97
¿Por qué no ves resultados? 101

6

PREPÁRATE PARA GANAR 105
¿Ganas tu día? 107
¿Cuánto vale tu tiempo? 111
¿Hasta dónde puede llegar? 114
¿Por qué desperdicias el crepúsculo? 117

7

TRANSFORMA TU HÁBITAT 123
¿Te consideras una persona afortunada? 125
¿Qué harías por esa persona? 128
¿Cómo los apoyas? 133
¿Bajo qué sombra te cobijas? 137

8

IDENTIFICA EL VALOR 141
¿Cuán rápido te das por vencido? 143
¿Y si nadie estuviera mirando? 145
¿Quién te obliga a tolerarlo? 148
¿Por qué temes errar? 151

9

AFINA TUS SENTIDOS 155
¿Tu futuro se ve mejor o peor? 157
¿Te crees más inteligente que los demás? 160
¿Prefieres sanar o retrasar tu mente? 162
¿Qué tal si dejas de perseguirla? 165

10

SIN ESTO LA VIDA NO TIENE SENTIDO 171
¿Qué estás coleccionando? 173
¿Para qué estás aquí? 176
¿Cuándo piensas liberarte? 180
¿Y si hoy es tu último día? 183

Conclusión 187
Agradecimientos 191
Bibliografía 195
Sobre el autor 201

ELOGIOS PARA *CONSTRUYE TU RUTA*

«Siempre he dicho que cada día no es un día más, sino un día menos. Carlos en esta guía te entrega su alma y te brinda una guía exacta para que reconozcas que tienes la responsabilidad de conocerte, vivir apasionadamente, aceptar tu valor y servir al mundo con tu talento. Un libro inspirador pero práctico para que ganes todos los días de tu vida. Si esto es lo que deseas, ¡este libro es para tí!».

Verónica Avilés
Experta en Ecommerce
Autora *best seller* (3 veces en Amazon)
Autora de La magia de reinventarte
@veronica_avilessm

«Este libro no es para todo el mundo. Es para personas como tú que están ilusionadas con un resultado, una meta, un sueño, pero aún no saben cómo empezar o ni siquiera si es posible lograrlo. Aquí aprenderás más sobre ti y sobre qué debes hacer para ganar cada batalla camino al éxito. Si buscas un libro motivacional, busca otra cosa. Si quieres cambiar tu vida, agárralo y aplícalo desde hoy».

Juan Santiago
Máster neurocoach
Conferencista
Autor del libro ¡Lánzate! Libérate de los miedos que te mantienen estancado
@juantemotivaoficial

«Si quieres aprender a vivir cada día en abundancia ¡este es el libro que debes leer! Carlos Figueroa nos ofrece enfoques prácticos y conmovedores para vivir una vida sin límites».

MARIEL BUQUÉ, PH.D.
Psicóloga y experta en Trauma Generacional
Autora de Break the cycle
@dr.marielbuque

«No fue un lunes cuando nos conocimos en medio de una entrevista, pero fue uno de esos días en los que sabes que le estás estrechando la mano a una persona comprometida con experimentar el verdadero éxito: tocar la vida de otros. Este libro está alineado con la visión y misión de vida de Carlos Figueroa. Dense permiso para leerlo y contagiarse con su compromiso de que cada día podemos crecer y ser una mejor persona».

SILVERIO PÉREZ
Escritor, anfitrión de TV y radio
Autor de Humortivación y Viajes, palabras y balas
@silverioperezpr

DEDICATORIA

Catalina Isabel y Carlos Ignacio:
Desde antes de ser concebidos, ya me habían dado la razón más poderosa que podía tener para construir la mejor ruta posible y vivir en plenitud. Mucho antes de que nacieran, el hecho de poder visualizarme siendo un buen padre en el futuro inspiró la mayoría de los cambios positivos en mi vida que me han traído hasta aquí. Ahora que son parte de mi realidad, el propósito de ser el mejor ejemplo posible para ustedes me guiará diariamente hasta el fin del camino. Gracias por enseñarme tanto en tan poco tiempo.

PRÓLOGO

Perspectiva. Así le llamamos al fenómeno que nos permite ver las cosas desde otro punto de vista. En el ejército usamos la expresión «*hunt the good stuff*», que se traduce como buscarle el lado bueno a la situación, aunque si estás en una trinchera, o en un vehículo recibiendo impactos de bala, esta no es una mentalidad muy práctica que digamos. La perspectiva también nos ayuda a entender la razón por la cual a veces tomamos muchas acciones a la prisa. Yo intenté muchas cosas al cabo de trece años y solo había un problema: no era bueno en todas las cosas que hacía y en distintas áreas me vomitaron, pues era non grato. Mi peor crítico era yo, pero hay una línea bien fina entre ser crítico de mi desempeño y tener cero amor propio. El concepto de tratarme bonito, porque ya el mundo estaba listo para tratarme como basura, no existía para mí.

Traté de entender a otros, traté de entender mercados, negocios, actitudes y la conducta de mi enemigo como un oficial de inteligencia del ejército, pero aún no me daba la tarea de conocer y comprender lo más importante, yo mismo. Mis desaciertos en distintas áreas estaban llenos de signos de interrogación y acertijos, porque nunca me ocupé de mirar hacia adentro. Cuestionarme y tener la fortaleza intestinal para encarar mis demonios y conocerme no fue uno de los talentos con los cuales nací. En vez de eso, encontraba elementos que me aguantaban. ¿Cómo es posible que salgamos a conocer el mundo cuando todavía no sabemos cuál atuendo nos hace sentir más seguros? Después, como si se tratara de un relámpago, comencé un proceso de transformación. Comencé a cuestionar mi círculo social, mis hábitos, mis costumbres, mis creencias y hasta las cosas que yo decía que me gustaban que, luego de cuestionar su misión en mi vida, resultó que en realidad no me gustaban tanto.

Comencé a ver la luz al final del túnel, muchas de mis actitudes y reacciones a los sucesos de repente comenzaron a tener sentido. Terminé obsesionándome con un mercado en el cual era bueno y el resto es historia. Carlos llegó a mi vida en lo que hasta el sol de hoy catalogo como uno de mis mejores momentos. Mis dos *podcasts* ya tenían un poco de audiencia, mis inversiones estaban corriendo y todo el que era inversionista en el mercado de criptomonedas en Puerto Rico al menos una vez había escuchado el nombre de José Galindez. Cuando Carlos se acercó a mí para participar en su *podcast* Gana Tu Día dije que sí de manera inmediata. Había una vibra especial en este tipo cuando hablamos y automáticamente pensé que era algo que debía hacer. Al cabo del tiempo hemos desarrollado una muy buena amistad. Puedo decir con completa honestidad que Carlos Figueroa, además de ser buen amigo, es uno de los mejores *self development coaches* que he conocido en mi vida. Justamente este año atravesé una de las pruebas más grandes de mi vida: hacer un evento para el Coca-Cola Music Hall de Puerto Rico.

Que nos conozcamos bien no quita que durante nuestra jornada pueda darnos amnesia selectiva, se nos olvide quiénes somos y los factores que repercutieron en los resultados que hoy disfrutamos. Así me pasó a mí, entré en complacencia y me tocó volver a encontrarme. Carlos fue una pieza clave en el proceso, porque nos encargamos de entender la meta que teníamos de frente y para atacarla con intención, establecer un plan y ejecutarlo buscando la mejor versión de mí. Carlos es un arquitecto en el tema de la autoayuda y el desarrollo personal. Carlos es parte responsable de que yo entendiera que era posible llevar a cabo un evento masivo en el Coca-Cola Music Hall antes de que acabara el año, cuando yo lo pensaba posible tal vez en un año más. Carlos es un fiel estudiante y conocedor de esta área y no escogería la experiencia de nadie sobre la suya ni en mi peor día. Este libro, además de ser parte de su filosofía de vida compactada en varias páginas, es algo mucho más especial, es una herramienta fundamental, así como la brújula para los militares cuando hacemos navegación terrestre; esta es tu brújula. Cuídala, encuéntrate con la mejor versión de ti, aplica los principios discutidos en este escrito. No existe manera de que no logres la vida que has anhelado toda tu vida. Para que esto suceda es meritorio que entiendas que el resultado final depende única y exclusivamente del empeño que le pongas a la etapa de autoevaluación y ayuda. Piensa en este libro como tu única cita por el próximo mes. Le confiaría a Carlos mi proceso de autodesarrollo a ojos cerrados de lunes a viernes, y dos veces sábado y domingo. Este libro se compone de todos los elementos que destruirán la versión que conocías de ti para luego convertirte en una nueva criatura, una que sí conocerás bien.

José Galindez
Emprendedor
Estratega de negocios

INTRODUCCIÓN

¿POR QUÉ ODIAMOS LOS LUNES?

Admítelo, en algún punto de tu vida has deseado que tu fin de semana nunca termine. Probablemente eres de las personas que se regocija cuando escucha: «¡Llegó el viernes». Sales a toda prisa del trabajo con el deseo de hacer todo lo que no has podido hacer durante la semana, ya sea ir de fiesta, dormir más o simplemente quedarte sin hacer absolutamente nada. Repites el ritual semana tras semana, aun sabiendo que ese sentimiento de euforia que comienza el viernes es efímero. Entrada la tarde del domingo se van acumulando los recordatorios de lo que será regresar a esa parte de nuestra trayectoria por la vida que no necesariamente disfrutamos. Nos consumen los pensamientos de todo aquello que no queremos hacer al día siguiente, pero que no queda otra opción más que hacerlo. El umbral de la noche abona nuestro abrumo y nos agobia mientras tratamos de conciliar el sueño. Con la llegada del lunes, la morbosa alarma nos recuerda que es hora de regresar a esa parte de nuestra existencia que detestamos. Nos cuesta salir de la cama e invade nuestra mente el deseo, más bien, el desespero, de que regrese el viernes lo antes posible. Es muy probable que esto te haya pasado a ti. En algún punto de tu vida has odiado los lunes.

No tienes que sentir vergüenza. Obviamente, no es un sentimiento exclusivamente tuyo. De acuerdo con una encuesta realizada por la compañía de reclutamiento global Monster, el 76 % de las personas experimenta lo que se conoce como el *sunday blues* o la depresión de domingo. Aunque no forma parte del Manual diagnóstico y estadístico de los trastornos mentales (DSM-5[1]), esta condición tiene síntomas reales. Las personas que padecen de este mal se irritan con facilidad, experimentan sentimientos de pavor por la llegada del lunes y sienten la inquietud de la ansiedad anticipatoria que no es otra cosa que el miedo y la preocupación de lo que se avecina. No debe ser una sorpresa. Según Gallup, en un estudio de 31 millones de personas de 200 países, el 85 % de las personas no está feliz en su trabajo. De hecho, hay una estadística que alega que el impacto del *sunday blues* es tan alto que la persona promedio da su primera sonrisa de la semana a las 11:16 a. m. ¿No te parece una locura? Aborrecer los lunes nos afecta tanto que nos cohíbe de realizar una acción que no conlleva ningún tipo de esfuerzo y que literalmente puede cambiar el rumbo de nuestro día o el de la persona que recibe la sonrisa. No te culpo. Por muchos años mi vida fue así.

No recuerdo exactamente cómo y dónde nació, pero durante mis años como gerente en una planta de manufactura, en medio de la semana, sarcásticamente le repetía a mis compañeros: «Estoy loco porque sea lunes». Nada más lejos de la verdad (obviamente, el lunes era lo menos que deseaba).

El lunes significaba reencontrarme con personas con las que no me llevaba bien, muchas a quienes yo no les caía bien (ni ellas a mí), para hacer un trabajo que no me apasionaba lo suficiente como para hacerlo por el resto de mi vida. Honestamente, no sé cómo sucedió, pero de tanto repetir ese chistecito fui creyéndome el cuento. Llegó el momento en que sí quería que fuese lunes. De hecho, ¡amo los lunes! El lunes representa comenzar un ciclo, evaluar qué cosas nuevas puedo lograr, mejorar en lo que hice la semana

1 DSM-5 es la herramienta que utilizan los psicólogos y psiquiatras para realizar diagnósticos a sus pacientes.

anterior, reflexionar sobre lo que no hice y aprovechar todas las nuevas oportunidades que la vida me presenta. Me tomó mucho tiempo entender esto: *odiar los lunes es solo un síntoma de un diagnóstico mucho más profundo*. Vivimos en lo que yo llamo la era del microondas. Queremos enderezar todo lo que hemos hecho mal (o no hemos hecho) por años en cuestión de días, horas o incluso minutos. Creemos que un video de media hora o un curso de una semana serán las pociones mágicas que vienen a salvar nuestra vida.

No me tomes a mal, muchas veces necesitamos ese empujón, ese impulso que nos lleva a comenzar a tomar acción: una palabra de aliento, una charla o un libro como este que nos ayude a cambiar de perspectiva. Sin embargo, debemos ser honestos, las transformaciones reales toman algo más que días, meses o incluso años. En mi caso, llevo mucho más de una década transformándome y siento que apenas comienzo, me queda demasiado camino por recorrer. De hecho, hice las paces con el hecho de que mi transformación nunca terminará.

Es esa la razón por la que este libro no te promete éxito inmediato ni fórmulas mágicas. No se trata de los tres pasos para alcanzar la felicidad ni mucho menos tiene todo el conocimiento que necesitarás a lo largo de tu vida. Tampoco vengo a decirte que copies lo que he hecho, porque muy probablemente queremos cosas muy distintas para nuestras vidas. Lo que busco con este texto es preparar el terreno y levantar los cimientos adecuados para que *construyas tu propia ruta*.

Aquí encontrarás una compilación de todos los aprendizajes obtenidos durante más de una década estudiando libros, aprendiendo directamente de mentores y personas con las que me he cruzado en el camino, seres que han impactado mi ruta de la mejor manera posible. Lo que aquí comparto son esas estrategias que me han ayudado a ganar mis días y amar mi vida cada vez más.

Durante mis años de autoaprendizaje he confirmado que los libros que más profundo calan en mí son aquellos que automáticamente pongo en práctica. Te confieso que este no es un libro para leer, es un libro para aplicar. Cada capítulo contiene una serie de reflexiones las cuales debes evaluar. Recomiendo que mantengas papel y lápiz cerca mientras lo lees, mientras más herramientas adquieras, mayor será tu transformación. Al concluir el libro habrás creado tu propia brújula, esa que te guiará en tu recorrido por la vida. Ojo, como siempre le digo a mi comunidad: «no lo dejes en la libreta». Nada de esto servirá hasta que lo pongas en práctica.

En fin, nuestra vida está llena de interrogantes, nuestra manera de vivirla es la respuesta a muchas de esas interrogantes. Con el pasar de los años entendí que odiar los lunes es un reflejo de tener que enfrentar muchas de las verdades que no te gustan de tu vida. *Es el recuerdo de no haber trabajado lo suficiente para tener una vida plena*, una que te provoque satisfacción al vivirla. Mi compromiso contigo es que al aplicar este libro empezarás a disfrutar de las respuestas que la vida misma te proveerá mientras la vives en plenitud.

1

COMENCEMOS POR SABER QUIÉN ERES REALMENTE

Por si no lo sabías, eres la persona más importante de tu vida. Aprende a conocerte un poco más cada día y llevarás tu vida a niveles inesperados.

Carlos Figueroa

CONSTRUYE TU RUTA

¿QUÉ ESTÁS ESPERANDO?

Hoy no es un día más, es un día menos.

La gratitud es uno de los pilares que rigen mi vida. Al igual que muchas personas que están conscientes de los beneficios que esto puede traer a su vida, busco ser agradecido desde el momento en que abro los ojos. Sin embargo, la mayoría de las personas que hace esta práctica repite: «Gracias por un día más de vida», y esto es erróneo. En realidad, cada día que despiertas, es un día menos que tienes en este camino llamado vida. Los famosos «algún día lo haré», «algún día iré» o «algún día ________ (inserta el sueño que quieres lograr, pero que ni si quiera has intentado)» son solo evidencias de que nos pasamos la vida esperando que esta nos envíe una señal, que nos mande alguna persona para empujarnos o que llegue el momento oportuno. En realidad, lo único que tienes en tus manos es el hoy, el ahora. ¡Con el «algún día» se te va la vida!

En mi caso, por mucho tiempo me dije que quería ser escritor, que «algún día» iba a publicar un *best seller*. Incluso comencé un libro antes de este (que espero terminar y publicar pronto), pero no me había sentado a trabajar enfocado en ese sueño hasta que surgió la idea de este libro. No esperé a estar listo o a tener cierta cantidad de seguidores, ni siquiera esperé a haber renunciado a mi trabajo como ingeniero para empezar. Simplemente me lancé.

Al final del día no sé si este será el *best seller* que deseo escribir, pero esperar por el momento correcto tampoco me garantiza que lo vaya a lograr. En mi mente pensé: Si escribo un libro por año durante los próximos ochenta años (mi plan es llegar a los ciento veinte años de edad, esa historia la contaré en otro momento), las probabilidades de publicar un *best seller* eventualmente seguirán aumentando. En fin, decidí no esperar para cumplir mi sueño, porque el tiempo no se detiene y, por lo tanto, no sé en realidad de cuánto tiempo dispongo. Sin importar lo que pase, yo estaré satisfecho; no importa si solo tú, mi mamá y mi esposa sean las únicas personas que lean este libro. Al final de sus vidas, las personas no se arrepienten de los errores que cometieron; es todo lo contrario: se arrepienten de todo aquello que no intentaron.

Muchas personas, incluso las que te aman, van a pensar que estás mal por perseguir tu sueño. Tus amistades van a dudar de ti, tus conocidos van a comentar que estás mal de la cabeza. Al final del día, tu opinión sobre ti es la única que verdaderamente importa. Deja de estar esperando el día perfecto, eso no existe. Como no sabes si mañana estarás aquí, comienza hoy a trabajar en lo que quieres para tu vida. Si decides no seguir leyendo, me conformo con que salgas a construir la vida que quieres vivir.

TOMA ACCIÓN

Mi pregunta para ti hoy es: ¿Qué rayos estás esperando para comenzar a convertirte en la persona que sabes que puedes y realmente quieres ser? Hoy es el día que comienzas a buscar ese sueño por el que llevas tanto tiempo esperando. Es hora de que hagas algo que te acerque a conseguirlo. No tienes que completarlo hoy, solo tienes que comenzar a intentarlo, a acercarte a él; de lo contrario, nunca sabrás lo que pudo haber sido.

- ¿Qué es eso que llevas mucho tiempo diciendo «algún día lo haré» y aún no has intentado?
- ¿Qué puedes hacer esta semana para comenzarlo? No te limites, puede ser lo que sea.
- ¿Qué conlleva el lograr eso que quieres? Pon todas las ideas que te vienen a la mente en un papel. Toma una y comienza.

RUTA GANADORA

En psicología existe un principio que se llama el efecto Zeigarnik, en honor al psicólogo ruso que lo descubrió. En esencia dice que somos más propensos a recordar las cosas que han sido comenzadas, pero no terminadas. Básicamente, esto significa que si comienzas eso que quieres lograr y lo interrumpes, tu mente no va a descansar hasta que lo completes. Por eso te invito a empezar ahora (literalmente, ahora mismo). Yo creo en ti, ¡voy a ti!

¿EN QUÉ SOBRESALES?

No puedes sobresalir en todo, pero te garantizo que eres mejor que muchas personas en algo. Ese algo es lo que te ayudará a cumplir tu propósito en esta vida.

Las personas se pasan la vida analizando a otras personas. Bien sea como profesión o pasatiempo, vivimos en un mar de analistas. Existen grupos de evaluación casi que para todo: desde la Academia de Artes y Ciencias Cinematográficas, que rige el mundo de las películas y decide quién se lleva un Óscar (si ese es tu sueño, por favor que sea sin abofetear a nadie), hasta la Asociación de Escritores de Béisbol de América, jueces sobre quién entra o no al Salón de la Fama del Béisbol. Si nos vamos a lo mundano, nos encontramos con cadenas televisivas y de entretenimiento especializadas en una programación que se basa en la vida diaria de celebridades (una gran pérdida de tiempo, si me preguntan a mí, pero no soy quien para juzgar). Mi punto es que las personas muchas veces conocen más de otras que de ellas mismas. Insólito ¿no?

Creo que ha llegado el momento en que te conozcas más a ti que a la vida de los demás. Para eso vamos a explorar cuáles cosas haces mejor que otras personas. Es un paso importante, este ejercicio te ayudará a visualizar, capitalizar e invertir en tus fortalezas.

Cuando era pequeño me creía poeta. De hecho, mi mamá tiene una grabación guardada en *cassette* (sí, soy de esa época) donde salgo recitando en vivo en la radio (probablemente lo escucharon como diez personas nada más, pero para mí fue como llenar un concierto). También participé en una competencia de cuentos y tengo varias libretas llenas de poemas. Toda la vida me ha encantado dirigirme a audiencias; sin importar el tamaño, me fascina hacerlo cada vez que puedo. Aquí es donde digo «pero», y sí, hay uno.

Pero, pese a que todo eso me fascinaba, y me fascina, con el transcurso del tiempo permití que el ruido de la sociedad influenciara las metas que tenía en la vida. Entre la diversión con amistades y la ambición de tener cosas que el sueldo de una profesión me daría, me alejé de dos de mis fortalezas naturales, y que poseía desde que era pequeño: escribir y hablar en público. No fue sino hasta cuando retomé ambas cosas que empecé a sentir que iba en la dirección correcta. Me siento pleno y alineado con el legado que quiero dejar. En realidad, no se trata de que me lean o me escuchen muchas personas, se trata de hacer algo que llene mi corazón, que me haga sentir pleno. Escribir y hablar en público sobre desarrollo personal, son dos de esas cosas que me llenan de satisfacción. Parte de alcanzar lo que se conoce comúnmente como éxito y felicidad es poder utilizar nuestros talentos naturales. Se trata de hacer algo que nos apasione.

TOMA ACCIÓN

Te invito a que te preguntes si te conoces realmente, si tienes idea en cuáles áreas sobresales fácilmente y si le estás sacando provecho a eso. Toma tiempo para reflexionar sobre tus fortalezas.

- ¿Cuáles son esas cosas que haces con total naturalidad, sin mucho esfuerzo?
- ¿Sabes cuáles son tus tres mayores fortalezas?
- ¿Cómo puedes utilizar tus fortalezas para trabajar en tu pasión diariamente?
- ¿Cómo pueden tus fortalezas ayudar a otras personas?

RUTA GANADORA

Tus fortalezas resaltan desde tu niñez. Es seguro que en tu infancia había cosas que hacías con mucha más facilidad y que, de paso, eran las que más te divertían. Probablemente lo hacías de forma natural y con el paso tiempo quedaron en el olvido. Sin embargo, están allí dentro ti; simplemente las influencias de la sociedad te llevaron a abandonarlas, tal vez por aparentar. Da un pequeño viaje al pasado para que encuentres las cosas hacia las cuales gravitabas con facilidad. Ahí encontrarás lo mejor de ti, ahí residen tus fortalezas.

¿QUÉ TE FALTA?

Si no puedes reconocer que tienes aspectos de tu vida que deben mejorar, entonces nunca llegarás a tu máximo potencial, porque desde tu punto de vista, ya estás ahí.

Existe algo llamado el efecto Dunning-Kruger, hallazgo que hizo merecedores del premio Nobel a David Dunning y Justin Kruger. En resumen, este efecto indica que las personas incompetentes tienden a sobreestimar su conocimiento y habilidades, mientras que las personas altamente competentes subestiman su habilidad en relación con otros. Bajo ninguna circunstancia deseo que subestimes tu potencial; todo lo contrario, creo que puedes lograr cualquier cosa que te propongas, siempre y cuando decidas pagar el precio por lograrlo. Ahora bien, lo que sí te sugiero es que nunca pienses que lo sabes todo. El no creer que lo sabes todo te otorga una gran oportunidad: siempre puedes aprender y mejorar.

Si has visto deportes en los últimos veinte años, sin importar de qué país seas, existe una alta probabilidad de que hayas escuchado el nombre del baloncestista Kobe Bryant. Este nombre genera constantes comparaciones con Michael Jordan y LeBron James, en relación a cuál de ellos ha sido el mejor de todos los tiempos. No voy a entrar en ese debate, pero sí te voy a decir que Kobe ha sido mi favorito desde hace más de veinte años e incluso, luego de su partida terrenal, sigo descubriendo cosas que me impresionan sobre su historia. Una de las razones por la cual lo admiro tanto es porque, aun cuando era (en mi opinión) el mejor jugador de su época, mantenía un hambre imparable de mejorar constantemente. Se comportaba como si no estuviera ni cerca de ser el mejor.

Cuando Kobe murió, salieron a relucir muchas historias de algunos de sus contrincantes y discípulos. Una historia que me encanta es la que relata Jason Williams. Él cuenta que en una de las ocasiones que le tocó jugar contra Kobe, llegó a la cancha la mañana antes del juego para practicar algunos tiros y se percató de que ya Kobe estaba allí, sudado como si llevara tiempo practicando. Sin mediar palabra, cada quien se fue a un lado de la cancha a hacer sus tiros. Luego de una hora, Jason terminó su práctica y allí seguía Kobe, haciendo jugada tras jugada como si fuera el juego real. Jason se quedó a observar y Kobe continuó por al menos veinticinco minutos más. Esa tarde se enfrentaron, los Lakers ganaron y Kobe anotó nada más y nada menos que cuarenta puntitos. Después del juego, Jason fue a donde Kobe y le preguntó: «¿Kobe, por qué practicaste tanto antes del juego?», y Kobe le respondió: «Porque quería que supieras que siempre voy a trabajar más que tú».

Ya era considerado uno de los mejores jugadores de la historia y aun así practicaba constantemente para ser mejor, como si tuviera que ganarse su lugar en el equipo. Jamás dudó de sus habilidades, pero las subestimaba con el propósito de seguir mejorando. Él lograba identificar las áreas en las que tenía oportunidad de mejorar y no descansaba hasta llevarlas al próximo nivel.

TOMA ACCIÓN

Mis preguntas para ti hoy son las siguientes: ¿Qué cosas puedes mejorar? ¿En qué áreas de tu juego puedes subir el nivel? ¿Estás pagando el precio de ser mejor? Te invito a reflexionar sobre lo que te falta para llegar al próximo nivel.

- ¿Cuáles son tus mayores áreas de oportunidad en el campo en el que te desarrollas?
- ¿Qué tienes que hacer para crecer y evolucionar en esas áreas?
- ¿Podrías poner mejor enfoque en tu práctica para lograr ser mejor?

RUTA GANADORA

Hay un término inventado por el psicólogo Anders Ericsson que se conoce como «práctica deliberada». Este implica tener la intención de practicar constantemente algo por mucho tiempo hasta convertirnos en un experto o experta. Se dice que los mejores de todos los tiempos en sus disciplinas han acumulado al menos diez mil horas de práctica antes de alcanzar ese nivel. Sugiero que comiences. Comienza a acumular horas desde hoy. No con el objetivo de llegar a las diez mil, sino con la interrogante de en quién podrías convertirte si le metes todo tu esfuerzo. Enamórate del proceso de mejorar, solo así podrás averiguar que tan lejos puedes llegar.

¿A QUÉ LE TEMES TANTO?

El miedo es crucial para nuestra supervivencia. El problema recae en que permitimos que se convierta en nuestro capitán cuando quien debe comandar tu vida eres tú.

Una de las mejores definiciones de miedo que he aprendido es: evidencia falsa que parece real (proviene del acrónimo en inglés F.E.A.R., para *false evidence appearing real*). Esto sostiene que el miedo no se basa en datos, sino en emociones. Es una conducta aprendida que nos enseñan desde que nacemos. No me tomes a mal, hay momentos en los cuales necesitamos del miedo, es un arma de supervivencia. Ahora, si vives sintiendo miedo constante, te vas a perder de una de las mejores sensaciones en la vida: el vencerlo.

Toda mi vida le tuve terror a las alturas y a estar encerrado. Durante nuestra infancia mi hermana y yo íbamos a ferias y parques de diversiones donde había montañas rusas y todo tipo de atracciones. Recuerdo que mi hermana, aun siendo un año y tres meses menor que yo (no parece mucho ahora, pero en aquel tiempo la diferencia era abismal), se montaba en cada una de las atracciones sin ningún tipo de miedo; de hecho, le divertía y se mofaba de mí porque sabía que yo estaba aterrorizado. Honestamente, no sé de dónde habrá surgido ese miedo, no recuerdo un suceso específico que lo haya propulsado.

Con el pasar de los años, al convertirme en adulto (luego de muchos bochornos en mi adolescencia, debido a que mi hermana continuaba siendo más atrevida que yo), decidí que iba a comenzar a sacarle el pecho a mis miedos. Debo confesar que comencé de una forma un poco radical: un día simplemente compré un boleto para lanzarme en paracaídas. Me dije: «Si ya pagué por el salto, no voy a querer botar mis chavos». Mis estudios de ingeniería me convirtieron en una persona un poco más analítica y lógica. Todo lo llevo a probabilidades y, realmente, la probabilidad de que me pasara algo en paracaídas con un instructor era remota.

Cuando llegó el día de la aventura, con gran culillo mientras esperaba mi turno, me lancé así sin más (estando a diez mil metros de altura no tenía muchas opciones). No solo le puse «fin» a uno de mis mayores miedos de la manera más radical posible, sino que fue una experiencia a otro nivel. Algo que volveré a hacer. Pongo fin entre comillas, porque los miedos no se van, simplemente aprendemos a vivir con ellos y a tomar decisiones calculadas.

He aplicado esta fórmula una y otra vez para vencer mis miedos, siendo el resultado siempre el mismo: logro vencer el miedo y mientras lo hago, creo memorias que me duran para toda la vida. Cuando tenía miedo a nadar en el mar, me registré en una clase de buceo; miedo de hablar en público, fui y creé un *podcast* y el miedo a lo que las personas piensen de mí, lo estoy enfrentado escribiendo este libro.

Mi punto es que aún tengo miedos, la diferencia es que renuncié a que el miedo sea mi jefe. Constantemente estoy en una batalla por vencer mis miedos y cada vez que los venzo lo que gano son memorias inolvidables mientras subo el nivel de mi vida. Me quedan muchos más miedos por enfrentar, y es por eso que regularmente me pregunto ¿cuáles son mis miedos? Ojo, no te estoy sugiriendo que vivas una vida al garete, pero sí te invito a que pienses un poco sobre los temores que te detienen o te retrasan. Tus miedos podrían estar arrebatándote los sueños más hermosos de tu vida.

TOMA ACCIÓN

Mi pregunta para ti es: ¿el miedo es la razón por la que no estás viviendo la vida que mereces? Toma tiempo para reflexionar sobre cuáles son los miedos que te están deteniendo y enfréntalos poco a poco.

- ¿Qué cosas te provocan miedo?
- ¿Qué has dejado de hacer por miedo?
- ¿Si no le tuvieras miedo a esas cosas, cómo sería tu vida?
- ¿Qué puedes hacer para enfrentar tus miedos? Comienza atacando uno y véncelo.

RUTA GANADORA

Los miedos hay que enfrentarlos sin vacilar, sin titubeos. Una de las cosas que me ha ayudado a enfrentar mis miedos es lo que se conoce como «función forzada»: un compromiso o preacuerdo que te obliga a hacer eso que quieres hacer, pero que tal vez tienes miedo de hacer o estás procrastinando. Me funcionó con el paracaídas, con el mar abierto y con muchas otras cosas. Busca una función forzada que te obligue a hacer eso que temes (obviamente, sin poner en riesgo tu salud) y deshazte de los miedos que se interponen entre tú y tus sueños.

¿POR QUÉ TE HABLAS ASÍ?

La persona con quien tienes las conversaciones más profundas es contigo. Háblate con un poco más de fe en ti, porque lo que te digas, te lo vas a creer.

No sé si lo sabes, pero la persona promedio tiene algo como entre cincuenta y sesenta mil pensamientos al día. Aquí viene la bomba: 40 % de estos pensamientos ¡son repetidos! Sí, la gran parte de tus pensamientos van liderados por las cosas que ya están en tu subconsciente, se han ido formando a través de muchos años, basados en tus experiencias e interacciones diarias. No puedes controlar totalmente tus pensamientos, lo que sí puedes hacer es ganar más conciencia sobre ellos. Puedes aprender a identificar cuando tienes un pensamiento negativo y puedes decidir enfocarte en otra cosa. Al final del día, tus decisiones son lo único que realmente controlas.

He sido obeso la mayor parte de mi vida, no fue hasta que tuve treinta años cuando realmente comencé a tomar control de mi salud y mi peso: empecé a comer mejor y a ejercitarme con frecuencia. Sin embargo, durante la mayor parte de mi adolescencia y adultez temprana mantuve un cierto grado de autoestima diciéndome que era un «gordito sexi» (inserta tu risa burlona aquí). Esta era mi forma de opacar el hecho de que aun estando obeso (hubo momentos en los que llegué a padecer obesidad mórbida), me sentía bien con mi exterior; tenía confianza de sentirme atractivo, probablemente porque mi mamá me decía todos los días que era hermoso (repite la risa burlona).

El punto es que no me estaba dando cuenta de la forma en que me estaba hablando, diariamente me estaba diciendo «gordito» indirectamente. En el momento que entendí esto, automáticamente me prohibí repetir el término gordito sexi.

Desde ese momento, comencé a decirme que era un atleta, un escritor y un orador. Eso fue mucho antes de mantenerme entrenando frecuentemente y, aunque he tenidos mis altibajos, vivo una vida mucho más saludable, en general, que la que jamás tuve antes de mis treinta años. No, no espero ser un atleta olímpico, pero el repetirme diariamente lo que quiero ser como si ya lo fuera me ayuda a comportarme como la persona en la que me quiero convertir. De hecho, me estoy convirtiendo en ella.

Creo tanto en esto que lo practico diariamente con mi hija de tres años. Todas las noches tenemos un ritual en donde la ayudo a repetir: «Catalina es feliz, Catalina es inteligente, Catalina puede lograr cualquier cosa y Catalina es amada». Y terminamos el ritual con un abrazo (su parte favorita). Siempre he pensado que esto iba a tener un buen efecto a largo plazo, lo que nunca imaginé era que iba a ver resultados tan rápidos. Hace unos días, íbamos toda la familia en la guagua y Catalina me dice: «Papá, me quedé con el collar de 'Folela'». Resulta que el día antes había tomado prestado un collar de su prima Fiorella y no se lo había devuelto. Con tal de volver a verla estaba buscando cualquier excusa. Entonces le digo: «No hay problema Catalina, se lo devolvemos en otro momento». A lo que ella responde: «Papá, hay que devolvérselo hoy». Yo le digo: «Cata, hoy no vamos a poder». Entonces la chica, aplicando lo que ha aprendido me riposta: «Pero papá, es que Catalina puede lograr cualquier cosa». En ese momento, boquiabierto miré a mamá quien estaba como pasajera y no sabía ni que decir. Acabábamos de evidenciar como había creado una nueva programación que impactaría el resto de los resultados en la vida de nuestra hija. Obviamente, tuvimos que ir a devolver el collar.

Si mi hija de tres años ha cambiado su programación en tan poco tiempo, ¿quién dice que tu no podrás?

TOMA ACCIÓN

Mis preguntas para ti son: ¿cómo te estás hablando?, ¿estás consciente de las cosas que te dices diariamente?, ¿hay algo en tu vida en lo que no te hayas convertido y que quizás esto se deba a la forma en cómo te hablas? Reflexiona en cómo te hablas versus cómo te debes hablar.

- ¿Qué cosas no te vas a repetir a partir de hoy? Incluye los «no puedo», «no sé», «no me atrevo».
- ¿En quién te quieres convertir?
- Si fueras esa persona, ¿cómo te hablarías?
- Cada vez que descubras que estás diciéndote cosas que te limitan, busca mover tu enfoque hacia la persona en la que te quieres convertir.

RUTA GANADORA

Determina eso que vas a decirte y colócalo frente al espejo donde te observas diariamente cuando te cepillas los dientes (espero que te los cepilles). Eso te obligará a leerlo mientras te miras a los ojos cada día. Lo quieras o no, ese pensamiento va a ir reprogramando tu subconsciente y, eventualmente, vas a creer lo que ahí escribiste. Así como yo hago con mi hija Catalina, crea tu propio ritual y repítelo todos los días. Diariamente te vas a comenzar a comportar como esa persona. Un día, sin que te des cuenta, lo serás.

2

RECARGA TU BATERÍA

*Tu energía te da la capacidad
para lograr todo lo que quieres,
trátala con la importancia
que merece. Carecer de
energía, es carecer de vida.*

CARLOS FIGUEROA

CONSTRUYE TU RUTA

¿ASÍ QUIERES QUE TE PERCIBAN?

No importa en qué religión creas o cuál sea tu grado de conocimiento científico, si hay algo en lo que la mayor parte de la humanidad está de acuerdo es en que somos y transmitimos energía.

Si has tenido el privilegio de tener educación elemental e intermedia, privilegio porque aún en muchos lugares del mundo es normal no ir a la escuela (sí, aún en este siglo), entonces debes saber que somos materia. Estamos formados por átomos que, a su vez, están compuestos de otras partículas y que todas estas partículas juntas generan energía constantemente e incluso la siguen generando hasta diez minutos después de morir (no es que me crea el más científico, este dato lo tuve que buscar en Google). Entonces, si esto es algo que no podemos refutar, ¿por qué mejor no buscar la forma de usarlo a nuestro favor?

Como ya lo he dicho, he batallado gran parte de mi vida con el hecho de ser gordito. Como mencioné en el capítulo anterior, durante mucho tiempo batallé con ser una persona con obesidad mórbida hasta que llegó el momento de mi vida en que comenzó mi transformación. Eso me llevó a buscar la manera de ejercitarme con regularidad. Uno de los hábitos que implementé fue madrugar para ir al gimnasio. Por lo general soy una persona extrovertida a quien le gusta contar chistes, reírme y pasarla bien. Sin embargo, cuando comencé a levantarme con regularidad a las cinco de la mañana para ir al gimnasio (en aquel momento no era para nada un madrugador), la energía que proyectaba no era la mejor, sino que transpiraba un mal humor exasperante. Si bien resulta difícil levantarse a hacer ejercicios si no se tiene el hábito de hacerlo, eso no era excusa para pasar una de las horas más importantes de mi día como un ogro, mirando mal a todo el mundo. Lo peor de todo es que ni si quiera me había dado cuenta de lo que estaba proyectando.

No fue sino hasta que una de las entrenadoras me dijo: «¿Por qué llegas todas las mañanas encojonao?», cuando me percaté del problema. Obviamente, no era eso lo que quería que las personas vieran de mí. Me pregunté: «¿Cómo vas a hacer al mundo mejor si ni siquiera las personas del lugar que visitas seis días a la semana se atreven a hablarte?». Es decir, quien me veía entrenando cada mañana estaba viendo a una persona muy distinta a la que me quería convertir.

Justo en ese tiempo estaba leyendo el libro *Hábitos de alto impacto* (*High Performance Habits)*, de Brendon Burchard, y una de las cosas que me marcó de este libro fue el concepto de que las personas altamente efectivas y exitosas deciden cómo quieren sentirse diariamente; así como también el tipo de energía que desean generar y transmitir. Fue ahí cuando decidí que iba a ser una persona que diariamente iba a generar energía positiva en cada lugar al que llegara (o por lo menos intentar lograrlo de la manera más efectiva posible). En lugar de drenar la energía de las personas con quiénes iba a compartir, comencé a ser intencional con la vibra que llevaba a todos sitios. Armado de una sonrisa y de un «buenos días» electrificante a toda persona que veía logré convertirme en alguien distinto. Este fue un momento determinante en mi vida, ya que me hizo entender por qué en el pasado muchas personas huían de mí por las mañanas (sí, también me pasaba en el trabajo). Lo bueno es que decidí usarlo para convertirme en alguien distinto, en una fuente de energía para las personas que me rodean.

TOMA ACCIÓN

¿Estás consciente de la energía que generas diariamente? ¿Generas energía o drenas a las personas? ¿Has validado esto con alguna otra persona? No se trata de ser lo que las demás personas quieren que seas, sino de ser realmente la persona que quieres ser. Te invito a reflexionar para que puedas generar la energía que tu yo del futuro desea producir.

- ¿Qué tipo de energía estás generando diariamente?
- ¿Quién es la persona con la que puedes validar esa información?
- ¿Qué energía deseas generar diariamente?
- ¿Cuál va a ser tu plan para lograrlo a partir de hoy?

RUTA GANADORA

En su libro, Burchard habla de un ejercicio que hace diariamente. Este consiste en repetir un mantra cada vez que pasa por una puerta, con el fin de proyectar más energía. En mi caso, hay algo que me repito con los ojos cerrados cada vez que voy a comenzar mi *podcast* o dirigirme a una audiencia. Es este: «Ayúdame a llevar el mensaje de la mejor forma posible y a impactar la mayor cantidad de personas».

Determina cuál será tu mantra para generar la energía que deseas y comienza a repetirlo diariamente. Así no solo recargas tu batería, sino que también ayudas a recargar la de muchas personas a tu alrededor.

¿POR QUÉ TE HACES DAÑO DIARIAMENTE?

Si somos energía, entonces debemos cuidar la mayor fuente que tenemos para generarla: nuestra nutrición. Lo que consumes te consumirá. Piensa bien cuan nociva es la gasolina que pones en tu cuerpo.

Cualquier nutricionista te dirá que un programa de pérdida de peso debe ser enfocado un 80 % en nutrición y el restante 20 % en ejercicios. Sin embargo, la mayoría de las personas (me incluyo) que quieren perder peso tienden a poner el foco en el ejercicio, sin entender que nuestra ingesta alimentaria es la que tiene la mayor influencia sobre nuestro organismo. No importa cuánto ejercicio hagas, si no comes adecuadamente, no tendrás la energía correcta ni un cuerpo saludable.

Antes de continuar quiero aclarar algo importante (para que no me vayan a tirar piedras): no tengo ningún tipo de educación certificada en nutrición. Me baso en la información de los libros que he leído, las personas con que he compartido y los experimentos que he realizado con mi propia nutrición. En mi recorrido hacia tener una mejor salud y alcanzar los ciento veinte años de vida, me he enfocado en aprender sobre los mejores tipos de comida para obtener una mayor energía y longevidad. Dentro de todo ese campo, hay un área que resaltó la mayor curiosidad en mí: el cerebro.

Uno de mis mentores virtuales es Jim Kwik, autor del libro *Sin límites* (*Limitless*) y entrenador intelectual. A través de sus cursos y libros, en los que propone la idea de aprender a aprender (así como lees), me eduqué sobre cómo darle una mejor salud al órgano más importante del cuerpo: el cerebro. Desde que entendí esto lo conocí, decidí consumir alimentos que otorgaran un mayor beneficio a mi salud neurológica, tanto a corto como a largo plazo. Personalmente, respecto a esto tengo dos grandes ventajas. Una es que puedo comer lo mismo todos los días y no me canso. La segunda es que me encantan algunos de los alimentos que son beneficiosos para el cerebro, como por ejemplo: aguacate, huevos, salmón, espinaca, nueces, chocolate amargo obscuro, arándanos y aceites como el de oliva o el de coco.

Por otro parte, aprendí que hay alimentos que no solo le hacen daño a tu cuerpo, sino que también afectan tus emociones. Está comprobado que hay alimentos que exacerban la depresión como lo son los alimentos procesados, las comidas fritas y el azúcar refinado (es decir, casi todo lo que nos encanta). Aunque no los he eliminado totalmente (venga, ¿a quién no le gusta un buen postre?), sí he decidido reducir su consumo.

Lo más positivo de todo este proceso es haberme dado cuenta de que los alimentos buenos para el cerebro también ayudaban a mis niveles de energía. A partir de ese conocimiento, he hecho varios experimentos para comprobar cómo me siento con diferentes tipos de comida. Así sé lo que debo consumir cuando voy a dirigirme a un grupo de personas versus cuando puedo comer cosas que me van a provocar tirarme en el sofá a ver Netflix. Esto me ayuda a entender, además de saber cuál de los dos tipos de comida es más importante para mi futuro yo. Entonces, ¿te atreverías a hacer ajustes para tener mejor energía la mayor parte del tiempo?

TOMA ACCIÓN

Te invito a evaluar lo que estás consumiendo y a experimentar qué tipos de comida te hacen sentir mejor o peor. Pregúntate si son los alimentos que consumes los que no te permiten generar la energía que deseas (en incluso podrían ser la causa por la que no cumples tus metas).

- ¿Cuáles alimentos debes comenzar a consumir para generar más energía? ¿Qué vas a hacer para aumentar el consumo de estos?
- ¿Qué alimentos te están provocando emociones negativas y qué vas a hacer para eliminarlos o reducirlos?
- ¿Puedes hacer algo para educarte más sobre este tema?

RUTA GANADORA

Según varios estudios hechos por psicólogos, entre estos Mark Muraven, la fuerza de voluntad es como un músculo; y al igual que otras partes del cuerpo, se cansa o se agota de acuerdo al uso que le damos. Es por esto que debemos limitar las tentaciones, en especial cuando están relacionadas con la alimentación. No dejes que los alimentos que afectan tu energía lleguen a tu casa, e incluso, desecha los que tengas ahora mismo. Así, solo así, podrás garantizar que mantengas regularmente el nivel de energía que quieres proyectar.

¿QUÉ ESPERAS PARA LEVANTARTE?

Damos por sentado nuestro cuerpo y todo lo que es capaz de hacer. Pensamos que siempre estará ahí para nosotros. No es hasta que nos lesionamos o nos enfermamos cuando entendemos la necesidad de cada uno de nuestros órganos y la grandeza de nuestro cuerpo cuando está saludable.

Un estudio realizado en 2018 reveló que el 83 % de las mujeres y el 74 % de los hombres en Estados Unidos están insatisfechos con su cuerpo (resulta alarmante, ¿cierto?). Algo de suma importancia que debemos concienciar es que nuestro cuerpo hace el trabajo de llevarnos a través de esta hermosa aventura llamada vida. Resulta que pasamos extensos lapsos de tiempo buscando la manera de modificar nuestra apariencia cada vez que podemos, esto por estar inconformes con cómo nos vemos o nos sentimos. No me tomes a mal, el cambio es lo único constante y soy fiel creyente de que debemos trabajar diariamente para mejorar nuestro cuerpo; lo que no me parece justo es que demos por sentado que nuestro cuerpo está ahí para usarse y ya, sin darle el cariño que requiere. No es hasta que perdemos movilidad en una extremidad o perdemos fuerza por una enfermedad que entendemos la importancia de nuestra nave.

Para el empresario, escritor y orador motivacional Tony Robbins, la fisiología es el primer elemento en lo que denomina como la «tríada de emociones». Esto te dice que la manera en que usas tu cuerpo afecta cómo te sientes, tanto mental como emocionalmente. Sin duda, esto también se refleja en la forma en que transmites energía.

Tu postura y manejo corporal, la manera en que estrechas la mano o saludas a alguien e incluso, como le miras, no es más que la transmisión directa de tu energía a otras personas. ¿Te has puesto a analizar cómo te sientes cuando haces ciertos movimientos? ¿Has tratado de estar triste mientras estás bailando? ¿Has tratado de sentirte feliz mientras tienes los hombros caídos? Apuesto lo que sea que acabas de verificar ambas cosas, ¿ me entiendes? Tu cuerpo está diseñado para moverse y al hacerlo busca regular tus emociones.

Al comienzo de la pandemia del COVID-19 enfrenté la mayor lesión física de mi vida, un espasmo en la espalda que me mantuvo sin poder ejercitarme durante un mes. En todo ese tiempo, aun cuando era extremadamente difícil levantarme, incluso de una silla, me obligué a caminar al menos una milla diariamente (créeme, caminaba como una persona de más de cien años con artritis y operaciones de cadera). Esto me llevó a un descubrimiento que cambió mi vida para siempre: mis mejores ideas surgían durante esa caminata. Obviamente, vivir esa circunstancia me hizo entender que llevaba toda mi vida dando por sentado el poder caminar.

El movimiento me ayudó a regular, tanto mis emociones, como mis pensamientos, en momentos en los que la humanidad pasaba por una de las mayores crisis generacionales, tanto en lo relativo a la salud física, como la emocional, de los últimos tiempos. Algo que parecía tan trivial se convirtió en la mejor terapia emocional de mi vida. Estoy seguro de que el hecho de que Gana Tu Día se encuentre en pleno crecimiento se lo debo en parte a ideas que surgieron durante esas caminatas.

TOMA ACCIÓN

Mis preguntas para ti son: ¿cuán estacionario es tu día a día? ¿Te mueves constantemente? Reflexiona sobre cómo puedes hacer para que tu vida tenga más movimiento y agradécele a tu cuerpo por todo lo que hace por ti.

- ¿Cuándo fue la última vez que agradeciste por tu cuerpo? Por las cosas más simples, como caminar y sentarte.
- ¿Estás dándole la movilidad correcta a diferentes horas del día? ¿Cómo es tu postura corporal?
- ¿Qué movimientos haces para regular tus emociones?
- ¿Cuándo fue la última vez que saliste a caminar solo para escuchar tu cuerpo y sentir cada detalle?
- ¿Cuándo fue la última vez que permitiste que las ideas fluyeran a través de una caminata?

RUTA GANADORA

Identifica movimientos que puedas hacer para mejorar tu ánimo. Hay ocasiones que ameritan un movimiento rápido para retomar energía, bien sean saltos de tijera (*jumping jacks*), lagartijas o una simulación de correr, para poder utilizarla y convertirla en las emociones que realmente quieres sentir. Intenta utilizar lo que se conoce como respiración de fuego (sí, te invito a investigar sobre esto), ya que aumenta tu circulación, ayuda con la toma de decisiones e incluso tonifica el abdomen.

¿TRATARÍAS A ALGUIEN ASÍ?

Tu cuerpo es el vehículo para recorrer esta vida, recuerda darle cariño, no vaya a ser que se canse de cargarte.

Ya hemos hecho referencia a la importancia de tu cuerpo, pero ¿cómo lo tratas?, ¿le das cariño? Tu cuerpo está toda la vida trabajando para ti, para que cumplas tus metas, celebres tus logros e incluso para que cuides de las personas que amas. No olvides que aun cuando estés descansando, tu cuerpo sigue trabajando. Mientras duermes, tu cerebro está procesando toda la información del día para decidir qué cosas debe almacenar y cuáles debe desechar. Durante ese proceso, tu cuerpo libera hormonas de crecimiento que le ayudan a repararse.

Nuestro cerebro reptiliano nunca descansa, es responsable de nuestro ritmo cardiaco, la respiración y la temperatura corporal; pero también es quien monitorea los peligros. De hecho, es el responsable de que nuestros antepasados hayan sobrevivido a los depredadores. Cuando duermes es una de las pocas veces que este sistema tiene un *break* para bajar la guardia. Durante el sueño también se regulan los niveles de cortisol que aumentan con el estrés diario (cabe recalcar que el estrés es necesario para crecer, pero ese es otro tema). Entonces, ¿entiendes por qué es tan importante descansar, pero de la manera adecuada?

Por muchos años me jactaba de que dormía solo cuatro o cinco horas al día. Decía que dormiría cuando me muriera, que dormir era perder el tiempo. ¿Quién no desearía permanecer más tiempo despierto? Pero al pasar tantos años durmiendo tan poco, no me daba cuenta de lo que eso estaba provocando en mí. ¿Recuerdas la historia que te conté de mi mal humor cuando iba al gimnasio por las mañanas? Bueno, obviamente la falta de horas de sueño era una de las principales razones de mi comportamiento.

Otra consecuencia de la falta de sueño era que no podía recordar la mayoría de las cosas que estaba aprendiendo, esto debido a que mi memoria no estaba almacenando correctamente. Esto, sin contar que estaba aumentando el riesgo de enfermedades cardiacas, diabetes y reduciendo mi posibilidad de bajar de peso y hasta aumentando mi probabilidad de contraer enfermedades, como la demencia y el Alzhéimer. Ahí entendí que dormir poco no era una opción. Por el contrario, dormir más es clave para poder llegar al nivel que deseo llegar (aún estoy lejos). Comencé a apapachar más a mi cuerpo con masajes, días de descanso, pruebas de salud (incluyendo un estudio de sueño) y métodos de recuperación. Esa es la única forma en la que me podré acercar a mi objetivo de vivir ciento veinte años.

TOMA ACCIÓN

Te invito a revisar cómo ha sido tu relación con tu cuerpo. Evalúa si es necesario darle cariño a esa joya responsable de que puedas vivir una vida hermosa.

- ¿Cuánto duermes frecuentemente? ¿Sientes que descansas lo suficiente? Tu meta debe ser mínimo siete a ocho horas.
- ¿Cuándo fue la última vez que te hiciste una revisión completa para saber que todo anda bien?
- ¿Cuándo fue la última vez que disfrutaste de un masaje? ¿Hace cuánto no tienes un día completo en un spa?
- ¿Qué haces para darle cariño a esa hermosa máquina que hace posible tu transitar por la vida?

RUTA GANADORA

En el libro *Duerme Inteligentemente (Sleep Smarter)* Shawn Stevenson relata la historia de cómo pudo «curarse» totalmente de lo que originalmente le diagnosticaron como una enfermedad incurable cuando era adolescente. Shawn provee 21 estrategias para dormir mejor y te explica porqué no puedes considerarte alguien saludable hasta que tengas un hábito de sueño saludable. La nutrición, el horario en el que haces ejercicio y hasta las plantas que mantienes en tu casa pueden impactar cuando bien duermes. Por mi parte creé una rutina que hizo que aumentara mis horas de sueño promedio de menos de seis a siete y media. Te invito a darle prioridad en tu lista y a crear tu procedimiento para ir a la cama. No olvides incluir plantas en tu dormitorio, la mayor cantidad de obscuridad posible y un baño de agua caliente. Dulces sueños.

3

SINTONIZA LA FRECUENCIA QUE DESEAS

Lo único que controlas en tu vida son tus decisiones. Decide entonces, en qué te vas a enfocar y de qué forma vas a percibir las situaciones que te suceden.

Carlos Figueroa

CONSTRUYE TU RUTA

¿HACIA DÓNDE ESTÁ TU MIRILLA?

Lo que consumimos para nuestra mente se convierte en nuestra manera de pensar a largo plazo. Aun así, a veces decidimos pasar tiempo consumiendo material que en el futuro nos convertirá en idiotas.

Imagina lo que sucedería si cada vez que vas manejando tu auto tuvieras que decidir entre enfocarte en la carretera o respirar. O si al estar conversando con alguien te vieras en la necesidad de elegir entre escucharlo o regular los latidos de tu corazón. Según la Universidad de Harvard, aproximadamente un 95 % de nuestras decisiones son tomadas por nuestro subconsciente. Resulta que en nuestro cerebro se encuentra ubicado el tálamo, que viene a ser un un órgano que funciona como filtro que se encarga de regular todo lo relativo a la sensibilidad y la actividad de nuestros sentidos (excepto el olfato).

Prácticamente, sin este filtro no podríamos vivir. Tendríamos que decidir entre leer o parpadear, entre digerir o escuchar. Sin embargo, hay un pequeño detalle: las decisiones de nuestro subconsciente están altamente influenciadas por lo que hacemos conscientemente (importante que lo entiendas). Entonces ¿no sería mejor tratar de influenciar el subconsciente para que nos ayude a vivir la vida que queremos?

Shawn Achor, en su libro *La ventaja de ser feliz* (*The Happiness Advantage*) plantea un concepto que cambió mi vida. Se trata del efecto Tetris, el mismo se basa en un estudio del Departamento de Psiquiatría de la Escuela de Medicina de

Harvard. Consistió en poner a un grupo de personas a jugar el famoso juego de Nintendo llamado Tetris por varios días consecutivos varias horas al día (si eres un poquito más joven que yo, probablemente tengas que googlear qué es Tetris para saber de qué se trata, no te voy a odiar por ello, (amo haber llegado a los cuarenta). En ese tiempo que permanecieron jugando, estas personas sufrieron un impacto en todos los aspectos de su vida. Era como si vivieran dentro del juego de Tetris. ¿Qué loquera, verdad? Estas personas iban por la calle y todo lo que trataban de hacer era intentar organizar los edificios en líneas como en el juego; si entraban a algún supermercado comenzaban a acomodar las góndolas para que todo cayera como una línea perfecta, tal como en el juego. Esto nos brinda una oportunidad que me parece fascinante: ¡podemos utilizar este efecto para mejorar nuestra vida!

Lo quieras o no, tu cerebro utiliza diariamente el efecto Tetris. Sí, ¡créelo! De manera constante consumes programas de radio, televisión, redes sociales o conversaciones de diferentes temas y en los momentos en que no lo haces tu cerebro subconsciente piensa en esas cosas o y busca la forma de traerlas frente a ti.

Yo decidí que iba a aumentar lo más que pudiese el consumo de material que llevara a mi intelecto al nivel más alto de mi vida. Por consiguiente, decidí eliminar (o al menos reducir) todas las cosas que redujeran mi nivel tanto físico, como mental y emocional. Dado mi estilo de vida, no me sirve de mucho estar viendo programas de chismes o estar pendiente de cada una de las estadísticas que realizó un jugador de baloncesto la noche anterior (no soy comentarista de farándula o deportes). Tampoco me sirve estar viendo noticiarios todo el tiempo, regularmente reportan cosas que ya pasaron y que no puedo cambiar con mis acciones (créeme, cuando haya una noticia negativa que tengas que saber, te vas a enterar).

No lo niego, hacer todo lo anterior podría divertirme o entretenerme, pero definitivamente no subirá mi nivel. Ahora bien, escuchar un *podcast* sobre cuáles son los hábitos de las personas más exitosas, o suscribirme a un *e-mail* diario sobre inversiones, sí que tiene un impacto mayor en la persona en la que quiero convertirme. Con esta práctica le doy gasolina a mi subconsciente para que me ayude a pensar en mi próxima movida financiera o en cómo ayudar a más personas. Un dato curioso: si manejas aproximadamente dos horas diarias y mientras escuchas un *podcast* o audiolibro, en menos de aproximadamente dos años tendrías la misma cantidad de horas de estudio que alguien con una maestría. Dime que no te encanta la idea.

Confieso que me encanta ver películas y series (me obsesioné con *La casa de papel*. Saludos a la banda si leen esto, ¡los amo!); pero si lo único que veo diariamente son robos de bancos, celebridades que rompen su relación o videos de *donqueos* de la NBA, ¿cómo voy a ayudar a mi subconsciente a que se plantee preguntas sobre cómo hacer del mundo un mejor lugar? y ¿cómo podré poder impactar la vida de cien mil personas?

TOMA ACCIÓN

Te invito a evaluar lo que consumes y cómo está afectando (para bien o para mal) tu vida en general. ¿Qué pasaría si en lugar de consumir eso consumieras cosas que estén más alineadas con la persona en la que te quieres convertir?

- ¿Qué consumes diariamente en la radio, televisión o redes sociales?
- Además de divertirte, ¿te ayuda a ser mejor persona? ¿Es destructivo o constructivo?
- ¿Sabes lo que consumen diariamente las personas que son los mejores en el campo en que deseas sobresalir?
- ¿Qué puedes eliminar porque no aporta nada a tu persona? Tal vez solo lo haces porque otras personas lo hacen.
- ¿Qué libros, *podcasts* o cursos puedes añadir a tu plan para crecer y acercarte a la persona que quieres ser?

RUTA GANADORA

No cualquier método aplica para todos por igual, lo mejor es que utilices el que sea más efectivo para ti. En mi caso, me encanta tocar y oler los libros que leo, siento que me transporta (además de ayudarme a leer más rápido y comprender más). Quizás a ti te guste escucharlos (audiolibros) o leer en formato digital. Mi estrategia de vida envuelve consumir la mayor parte del tiempo *podcasts*, videos y libros que me conviertan en la persona que quiero ser. En específico busco tener una razón de 4 a 1 entre educación y entretenimiento (4 horas de aprendizaje por cada 1 hora de entretenimiento). Te invito a evaluar si quieres que tu subconsciente te ayude un poco más. Mientras mejor nutrición le des (a través de lo que consume tu mente), más te ayudará tu subconsciente.

¿HABRÁ SIDO EQUIVOCARTE LO MEJOR QUE TE HA PASADO?

Tienes la oportunidad de aprender en todo momento si lo deseas. Aprendes de cosas que intentas hacer, de las que no has intentado y de aquellas que no deberías repetir. Estas últimas podrían ser las más importantes.

Estamos consumiendo información constantemente y aprendiendo cosas nuevas todos los días. Nuestra capacidad de guardar información no es infinita, pero es lo bastante grande como para no ser un obstáculo limitarnos durante el transcurso de nuestra vida. Un detalle importante es que aprender no solo consiste en desarrollar nuevas destrezas, sino también en filtrar aquellas que ya no debemos repetir. De hecho, aprender de tus errores, si decides no repetirlos, debería ser un gran motivo de celebración. Repetir un error es una decisión (y de verdad, muy mala honestamente, una muy pendeja).

Si revisamos la definición de fracaso de la RAE (Real Academia Española), podemos destacar que hace referencia a un resultado adverso o un suceso lastimoso, inapropiado y funesto. Entonces, basado en esto, un fracaso es algo que en ninguna circunstancia deberíamos repetir. ¡Ahí está la clave!

Si utilizamos nuestros supuestos fracasos para aprender, entonces no los repetiremos (dime si eso no te da satisfacción). El problema es que volvemos a hacer las mismas cosas que nos llevaron al fracaso y, aun repitiéndolas, esperamos que algo diferente ocurra en nuestras vidas cada vez que lo hacemos (definición de locura según Einstein).

No solo no aprendemos del fracaso, desaprovechamos la oportunidad de aprender de los fracasos de otras personas. Hubo años en los que sin darme cuenta me había convertido en una bestia salvaje. Trataba mal a las personas, explotaba a la primera situación y no me detenía hasta no haber despotricado contra alguien o algo. Uno de los procesos que me rescató de quedarme ahí fue establecer una rutina. Una rutina semanal en la que verificaba si había algo por aprender de los errores que había cometido durante ese lapso de tiempo, ya fuese haberle gritado a alguien, hablarle en tono desagradable o discutir sobre situaciones que no lo ameritaban, anotaba cada uno de ellos y buscaba lo que podía aprender de la situación.

Una vez que comienzas a crear conciencia de esos «errores», estos dejan de convertirse en fracasos y se trasforman en lecciones de vida, es un *upgrade* que le haces a tu *software* para ir a la próxima versión (es en serio, si no haces el *upgrade* vas a permanecer en la versión descontinuada). Lo bello de este proceso es que aplica para todo lo que desees. Constantemente la vamos a embarrar, cometeremos actos que no desearemos repetir; el detalle está en que si no creas conciencia vas a desperdiciar demasiadas oportunidades de crecimiento.

TOMA ACCIÓN

Te invito a aprender de tus errores. ¿Qué cosas has hecho recientemente que no deberías repetir? Aprovecha para crear conciencia y establecer tu proceso de autoevaluación constante.

- ¿Estás consciente de algún error que hayas cometido recientemente que no deseas repetir?
- ¿Qué hubieras hecho distinto?
- ¿Aprendiste algo de la situación?
- ¿Cómo te sentiste?
- ¿Qué puedes hacer para asegurarte de no volver a repetirlo o, al menos, reducir las probabilidades de hacerlo?

RUTA GANADORA

Uno de los principios del famoso libro *Cómo ganar amigos e influir sobre las personas*, de Dale Carnegie, dice que si estás mal debes admitirlo rápido y con énfasis. Si a esto le añades el no repetir el error, entonces te llevas la verdadera fórmula. Si la embarraste con alguien levanta la mano lo antes posible y di: «la embarré». Lo ideal es hacerlo antes de que esa persona te lo haga saber. Crea tu libretita de embarres y verás cómo vas aprendiendo de ellos sin necesidad de repetirlos.

¿QUÉ PUEDES REGALARLE A ESA PERSONA?

Cada persona que se cruza en tu camino tiene algo que enseñarte y algo que aprender de ti.

He aprendido que cuando enseñas algo lo aprendes dos veces y que una manera clásica y efectiva de aprender es la repetición. Esta es la forma en que llevas cosas del consciente al subconsciente y que permite que logres hacer las cosas de manera automática (crear hábitos).

El cerebro está compuesto por cien billones de neuronas, las cuales crean sobre cien trillones de conexiones entre sí. La repetición provoca y activa un proceso químico llamado la sinapsis, que no es otra cosa que el proceso de transferencia de información - comunicación entre dos neuronas. Es decir, la repetición es, en parte, clave para la comunicación dentro de nuestro cerebro. Desde los hábitos más básicos, como amarrarnos los zapatos, hasta los más complejos, como conducir un automóvil, hemos aprendido a hacerlos con más facilidad a través de la repetición.

A lo anterior, debo añadir que cada vez que repites algo eso se va haciendo más y más fácil. Usando el ejemplo de manejar, ¿recuerdas la primera vez que intentaste conducir un carro? Seguramente no fue tu mejor experiencia. Tuviste que repetirlo una y otra vez hasta que lograste hacerlo tan fácilmente que hoy puedes manejar en una autopista con miles de vehículos como si fuera algo innato en ti. Ya no tienes que estar pensando en cada detalle, sino que lo haces en automático (a menos que estés conduciendo en Nueva York o en Roma, eso es una excepción). Lo mismo sucede si enseñas algo, poco a poco se va volviendo más y más fácil, hasta que se convierte en parte de ti.

Esta fue una de las razones personales por las cuales comencé mi movimiento de Gana Tu Día, sabía que al obligarme a enseñar lo que llevaba años aprendiendo sobre desarrollo personal, cumplimiento de metas y formación de hábitos ayudaría, tanto a la persona que lo aprendía, como a mí. Era la mejor forma de poder recordar y asimilar más material mientras sigo aprendiendo (esto no terminará jamás). Tal vez la herramienta más poderosa de aprendizaje sea la enseñanza: mientras más lo enseñas, más lo aprendes. Estoy seguro de que hay algo en lo que eres mejor que la persona promedio (ya fuimos un poco a través de tus fortalezas), entonces, ¿cómo puede esto ayudar a otras personas? Sal a enseñarlo.

TOMA ACCIÓN

Te invito a que identifiques aquello que puedes ofrecer a otros para que sus vidas sean mejores. ¿En qué eres mejor que la persona promedio?

- ¿Qué cosas puedes enseñarles a otras personas para que las ayude en su vida?
- ¿Será alguna de tus fortalezas?
- ¿Quién se puede beneficiar de esto?
- ¿Cuándo puedes comenzar?
- ¿Hay algo que hayas aprendido recientemente que puedas compartir hoy con alguien más?

RUTA GANADORA

No tiene que ser algo en lo que te consideres una persona experta. La mejor forma de comenzar a generar este hábito es enseñando diariamente lo que aprendas. Establece la rutina de compartir con tus personas cercanas todo lo que vayas aprendiendo. Crea conversaciones, únete a grupos, provoca la repetición.

¿Y SI LO UTILIZAS COMO ALARMA?

Tratar de detener tus pensamientos es como tratar de detener los latidos de tu corazón, es meramente imposible mientras se esté vivo.

Si te digo: «No pienses en un gigante elefante rosa», automáticamente tus pensamientos dibujan la figura de un enorme paquidermo rosado (dime que ahora mismo no lo estás viendo clarito). Y si no sabes lo que es un paquidermo eso te va a llevar a buscar en Google y automáticamente vas a pensar en lo que dije, ¿no? Pues ese era el punto. Ahora deberías estar de acuerdo conmigo en que no puedes ordenarle a tu mente que deje de pensar en algo, pues tan pronto lo intentas comienzas a darle tu enfoque a eso que no querías pensar. Lo que sí puedes hacer es utilizar esos pensamientos como si fueran notificaciones de tu celular. ¿Cómo así? Ya vas a ver.

En su libro *La inteligencia emocional*, Daniel Goleman habla de cómo la autoconciencia —introspección, darle atención a tus propios estados (pensamientos y emociones)— es uno de los primeros pasos para poder tener inteligencia emocional. Consiste en poder captar esas emociones que sientes, en el momento en que las estás sintiendo. Nuestro problema radica en que vivimos en un mundo donde rara vez tenemos conciencia plena de lo que estamos haciendo en cada momento. Nuestro enfoque está en el próximo *like*, en el próximo *post*, en lo que comentó (o no comentó) la persona sobre lo que llevabas puesto tal día.

Rara vez le prestamos atención exactamente a lo que estamos haciendo: si estamos en el carro, pensamos en la música; en el cine, pensamos en lo que haremos cuando salgamos o si es domingo, nos amargamos pensando en que mañana será lunes (obvio, no podía dejar esa fuera). La realidad es que tú no quieres pasar horas pensando en esa situación que ya pasó, pero no te has tomado conciencia de que sigues ahí. El primer paso que debemos dar es despertar la autoconciencia para poder saber que estamos en ese pensamiento negativo. Hasta que no practiquemos eso no podremos usar esta segunda joya que te voy a regalar.

¿Qué tal si cada vez que surja en ti un pensamiento negativo lo utilizas como una alarma? Sí, como una de esas tantas notificaciones que tienes en tu celular. Cada vez que te caches divagando en algo negativo úsalo como una alarma para decir: «¡Ah, cabrón pensamiento, gracias por recordarme visualizar esa meta hermosa que estoy persiguiendo!» o tal vez: «Ya estoy pensando en esta mierda de nuevo, déjame dar gracias porque hoy comí delicioso». También puedes agradecer porque tienes gente que te ama, trabajo o un techo. Tú me entiendes, lo importante es hacerlo funcionar como una alarma a tu favor.

Recuerda que de los cincuenta mil pensamientos diarios que tienes, 90 % de estos son repetidos; entonces, probablemente estás repitiendo los mismos pensamientos negativos de ayer. Ahí tienes una gran oportunidad para cambiar el enfoque hacia las cosas bellas que te han pasado, te están pasando o te van a pasar. Si logras crear este hábito tendrás una de las mayores armas de fortaleza mental que jamás hayan existido, serás un yudoca de la mente. Aunque resulte obvio decirlo, esto solo se logra practicando.

TOMA ACCIÓN

Te invito a crear conciencia de tus pensamientos negativos para que, de esta manera, puedas convertirlos en una señal que le das a tu mente para cambiar el enfoque, agradecer o visualizar.

- ¿Percibes cada vez que tienes pensamientos negativos?
- ¿Cuáles son tus pensamientos negativos más frecuentes?
- ¿Hay algo de verdad en esos pensamientos?
- ¿Qué cosas podrías visualizar cada vez que viene un pensamiento negativo? Puede ser algo maravilloso que te pasó o algo bueno que ves en tu futuro.

RUTA GANADORA

Cada vez que tengas un pensamiento negativo puedes preguntarte si es algo que está o no en tu control. Si no está en tu control, cambia tu enfoque (con las estrategias que acabamos de repasar). Si lo está, ¿qué vas a hacer al respecto? Los problemas no se resuelven solos, así que es mejor crear un plan para cerrar ese capítulo; de lo contrario vas a retrasar tu progreso.

NO SE TE OLVIDE QUE...

- En esta primera etapa estábamos construyendo amor propio.
- Comenzamos por conocernos un poco más, entendiendo cuáles son nuestras fortalezas y áreas de oportunidad.
- Empezamos a retar nuestros miedos y a vigilar la manera en que nos hablamos.
- Determinamos cómo maximizar nuestra energía física y hacia dónde enfocar nuestra energía mental.

Llegó la hora de diseñar una nueva ruta y comenzar a moverte hacia donde siempre has deseado.

4

CALIBRA EL GPS DE TU VIDA

Una vez determinas la visión de lo que quieres, estableces un plan y tomas acción consistente, lo único que podrá hacerte fracasar es abandonarlo.

Carlos Figueroa

CONSTRUYE TU RUTA

¿HACIA DÓNDE TE DIRIGES?

En lugar de preguntarte por qué llegaste al lugar incorrecto, deberías comenzar por cuestionarte si tenías las coordenadas adecuadas.

Desde su comercialización y disponibilidad para las personas como tú y yo, a finales del siglo pasado, el Sistema de Posicionamiento Global (más conocido como GPS por sus siglas en inglés: *Global Positioning System*) se ha convertido en una herramienta (yo diría que hasta esencial) que la mayoría de las personas con acceso a un teléfono móvil ha utilizado.

¿Quién no ha tenido la necesidad de llegar a un lugar al que nunca había ido anteriormente y aprovecha la conveniencia que provee el GPS de su teléfono móvil para asegurarse de llegar al sitio que quería? De igual forma, si has utilizado alguna aplicación de GPS hay muchas probabilidades de que, en alguna ocasión, hayas llegado al destino incorrecto. Si eres uno de esos a quienes les ha pasado esto, ¿cómo te sentiste? No sé a ti, pero a mí esta es una de esas cosas que provoca que salga la vieja bestia salvaje que mantengo bajo control con mucha meditación. Es una situación que causa muchísimas frustraciones, bien sea porque hace que llegues tarde, pierdas momentos importantes o, simplemente, te saca del plan que tenías. Usualmente, esto es causado por tener las coordenadas incorrectas del lugar hacia donde te dirigías (¡obvio carajo!).

Si esto resulta frustrante cuando te encaminas a un simple lugar, ¡imagínate cuán frustrante será sentir que estás en el lugar incorrecto de tu vida! Si en el GPS de tu vida colocas el destino incorrecto, jamás podrás llegar al lugar que realmente deseas o alcanzar tu propósito. Vas por la vida sin dirección ni rumbo y cuando llegas a una etapa, época o suceso que no querías, explotas de rabia o frustración y le echas la culpa a todo lo que te rodea. Esto, en lugar de admitir que fuiste tú quien provocó la situación.

Estudios demuestran que en febrero de cada año el 80 % de las personas abandonan sus resoluciones de año nuevo. Regularmente, posteo mensajes en mis redes con el eslogan: «Dile no a tener resoluciones de año nuevo». Lo hago por algo muy sencillo: simplemente no funcionan. Al menos no por sí solas, y mucho menos como la varita mágica que muchas personas quieren. Tener resoluciones sin las coordenadas correctas para tu vida solo hará que llegues a un lugar incorrecto o que, a mitad de camino, dejes de caminar hacia esa dirección por quedarte sin gasolina. Entonces, ¿cómo te puedes asegurar el tener el pin correcto para tu vida?

En el libro *Los 7 hábitos de la gente altamente efectiva* (un clásico que debes leer si no lo has hecho todavía), Stephen Covey habla de «comenzar con el fin en mente». Él afirma que todo lo que está en nuestro alrededor, y haya sido creado por el hombre, tuvo dos creaciones. La primera es cuando ese objeto fue creado en la mente de una persona y la segunda en el momento cuando fue convertido en un objeto tangible, ese instante en que pasó de la imaginación de alguien a la realidad. En este momento es importante que entendamos que el GPS más poderoso que existe en el mundo (al menos en el mundo que conocemos) es nuestra imaginación. Aún no han inventado una computadora que sea tan compleja como el cerebro humano.

Algunos de los grandes expertos del desarrollo personal, con quienes he tenido el privilegio de adiestrarme —como John Assaraf, Vishen Lakhiani y Jon Butcher—, concuerdan en que el primer paso para lograr algo de envergadura en nuestra vida es tener una visión clara, colocar ese pin correcto a nuestro GPS para poder llegar al lugar donde queremos.

En *Vivid Vision*, Cameron Herold nos dice que «si una foto habla más que mil palabras, entonces ¿cuántas palabras puede decirte una película?». Partiendo de esta idea te digo que cuando tienes una visión clara para tu vida (o para esa meta que quieres lograr) es como si tuvieras una película corriendo en tu mente. Lo mejor de todo es que solo tú puedes dirigir esa película. Dime, ¿tienes una visión clara para tu vida? Si no diseñas tu vida estás viviendo en automático, a merced de lo que las demás personas o circunstancias decidan para ti.

TOMA ACCIÓN

Te invito a crear y escribir en detalle una visión clara de cómo quisieras que se viese tu vida dentro de tres años. Comienza por tener una idea específica de las tres metas más importantes que tengas ahora mismo. Esas que sabes que cuando las cumplas, transformarán tu vida para siempre.

- ¿Cuáles son las tres áreas de tu vida que quieres llevar al próximo nivel? Esas tres áreas con las cuales ahora mismo no te sientes a gusto o que simplemente quieres mejorar mucho más.
- ¿Cuál es el destino exacto al que quieres llegar en esas áreas? ¿Cómo se ve tu vida con estas tres metas cumplidas? Ponlo por escrito y añade todos los detalles posibles. Descríbelo como si estuvieras narrando una película.
- ¿Cómo te sentirás en el momento en que alcances esa visión? Es importante que añadas tus sentimientos a la hora de escribir tu visión.
- Si no sabes exactamente lo que quieres, **comienza por preguntarte lo que no quieres** en cada una de estas áreas. Luego, sustituye eso que no quieres por el lugar a dónde quieres llegar.

RUTA GANADORA

Cuando vayas a escribir la visión para cada área de tu vida vete a un lugar tranquilo que te inspire; bien sea un lugar cerrado o uno en contacto con la naturaleza, no deben existir distracciones. De hecho, Herold dice que uno de los mejores momentos para revisar tu visión es cuando estás de vacaciones. Probablemente hoy no puedas salir de vacaciones (ojalá y lo estés mientras lees estas líneas), pero lo mejor sería salir del ambiente habitual en el que permaneces la mayor parte de tu día a día (por favor, no lo hagas en el mismo lugar donde trabajas). En este momento no es tu responsabilidad preguntarte cómo vas a llegar ahí, solo enfócate en determinar hacia dónde quieres ir. Luego llegaremos al plan (y cómo lo vas a lograr).

¿SABES LO QUE PODRÍAS LOGRAR?

Si no le tiras a algo, no le darás a nada.

Soy de esas personas que piensan que hay muy pocas cosas imposibles en esta vida. En lugar de pensar que hay cosas que no se pueden lograr, prefiero pensar que hay ciertas metas que simplemente toman un poco más de tiempo. Por ejemplo, si cuando eras niño le hubieras dicho a tus bisabuelos que en el año 2023 ibas a poder utilizar un artefacto que cabía en la palma de tu mano y que se iba a poder hablar por videoconferencia a cualquier parte del mundo, a cualquier hora, ellos habrían pensado que se te aflojaron todos los tornillos de la cabeza.

En 1995, un chamaco sudafricano se mudó a California con la intención de ir a la Universidad de Stanford. Infructuosamente trató de conseguir trabajo en Silicon Valley y, al no lograrlo, se unió a su hermano para comenzar su carrera como empresario. De hecho, cuenta la leyenda que trató de conseguir trabajo en el hoy desaparecido Netscape y ni siquiera le respondieron. Hoy, mientras disfruta de gran éxito con Tesla, también se desempeña como principal ejecutivo de Space X, una empresa que fundó en 2002 para revolucionar la tecnología espacial y cuyo objetivo final es permitir que las personas vivan en otros planetas (imagina la jalada de pelos que debe estarse dando la persona que recibió su solicitud en Netscape).

Probablemente, hoy muchas personas ven a Elon Musk, y su misión de llevar vida a Marte, de la misma manera en la que tus bisabuelos hubieran visto la idea de la videoconferencia a través de un teléfono celular. Es posible que ni tú ni yo veamos personas llegar a Marte (aunque no lo descarto), lo que sí te puedo garantizar es que Elon y sus empresas van a lograr acercarnos a esa meta, porque le están apuntando a algo.

Hay varias razones por las que traigo esta historia. La primera es porque cualquier meta que parezca imposible se puede dividir en metas más pequeñas; y la segunda es que si no apuntas a un objetivo en tu vida no le darás a nada, la vida pasará por ti, pero tú no pasarás por ella.

Si necesitas un incentivo, quiero que sepas lo siguiente:

1) Hay estudios que demuestran que plantearse metas retadoras aumenta nuestro nivel de ejecución
2) El tener una fecha final para esa meta duplica la probabilidad de cumplirla
3) Estadísticamente hablando, las personas que escriben sus metas logran entre cinco y diez veces más resultados que las que no lo hacen.

¿No es muy difícil de entender, cierto? Si estas tres no te convencen en crear y escribir tus metas, no sé qué lo hará.

TOMA ACCIÓN

Te invito a establecer una meta clara para cada una de las tres áreas importantes para tu vida ahora mismo. Las mismas para las que ya debes haber comenzado a establecer un pin de GPS.

- ¿Cómo puedes acercarte a tu visión de tres años? ¿Qué puedes lograr en el próximo año? Sé específico con lo que quieres lograr.
- ¿Cuándo te propones lograr esa meta? Determina una fecha exacta.
- ¿Te reta el perseguir esa meta? Las personas que tienen metas grandes por lo regular logran ser más felices.
- ¿Cómo puedes dividir esa meta en pedazos más pequeños?

RUTA GANADORA

Hace algún tiempo inventé el término Fórmula 1-1-1 cómo estrategia para dividir una meta en pedazos, y hoy te invito a aplicarlo. Entre tú y yo, no inventé ninguna fórmula científica (aunque no niego que suena interesante), solo me inventé un nombre para adaptar un concepto que te ayudará en tu eficiencia personal.

Toma esa meta de un año y divídela en metas para cada mes (simplemente divídelo entre doce). Luego toma esa meta mensual y llévala a metas que puedas cumplir en un día (divídelo entre treinta, no te compliques). Lo que quiero es que simplemente consigas algo que puedas convertir en un hábito y luego repetir ese hábito diariamente. Sin darte cuenta, te vas a acercar a tu meta más rápido de lo que crees. Pedazo por pedazo.

¿CÓMO LO HACES?

No tienes que esperar para empezar a comportarte como la persona que quieres ser.

¿Has observado detenidamente cómo haces las cosas más simples? Aquellas que ejecutas sin pensar, las del día a día, las que haces de forma automática. Hay una frase muy conocida que afirma que «como haces algo, lo haces todo». Lo que pasa es que pensamos que en algún momento, cuando llegue la epifanía que andamos esperando, vamos a hacer las cosas correctamente. Nos llenamos de pensamientos como: «cuando sea un profesional, entonces me vestiré mejor», «cuando sea una persona rica mantendré el auto limpio» o «cuando tenga fama adquiriré modales al sentarme en restaurantes». Basta de poner excusas, ¿no entiendes que es ahora, en este momento, cuando tienes que comportarte como esa persona?

Tengo que desahogarme contigo, una de las cosas que me hacen hervir la sangre es ir a un supermercado y ver los carritos de compra bloqueando estacionamientos, e incluso vehículos, porque alguien decidió que no lo iba a llevar al lugar que le correspondía. Puedes argumentar lo que quieras, pero si no puedes hacer las cosas simples bien ¿cómo vas a cumplir todas esas metas gigantes que tienes para el resto de tu vida?

«La excelencia es un arte ganado con entrenamiento y hábitos. No actuamos correctamente porque tengamos virtud o excelencia, sino que las tenemos porque hemos actuado correctamente». De esta frase, atribuida a Aristóteles (también se afirma que es una interpretación que escribió el escritor y filósofo Will Durant de una frase del primero), podemos establecer que no se trata de que las personas excelentes actúen correctamente, sino que el actuar correctamente todos los días te hará una persona de excelencia.

Es el cómo haces cada pequeña acción diaria. Por ejemplo: ¿haces la cama al levantarte?, ¿llevas la basura al zafacón?, ¿das los buenos días al llegar a un lugar?, ¿colocas las cosas en su sitio? Sí, son las cosas más sencillas de la vida las que te llevarán a dónde quieres. No son cambios radicales, son modificaciones pequeñitas. ¿Cómo se comporta la persona en la que te quieres convertir? No tienes que esperar, comienza a actuar como esa persona a partir de hoy.

TOMA ACCIÓN

Te invito a evaluar todo lo que haces, lo más simple. Determina si tu comportamiento cotidiano te está acercando a tu futuro yo.

- ¿Cuáles tres comportamientos diarios te acercarían a la persona que quieres ser?
- ¿Qué cambios pequeños puedes hacer para implementar esos nuevos comportamientos?
- ¿Cuáles comportamientos diarios te alejan de la persona que quieres ser y qué cambios mínimos vas a implementar para eliminar o reducir tales comportamientos?

RUTA GANADORA

El Dr. Benjamin Hardy nos cuenta en su libro, *Personality Iisn't Permanent* (*La personalidad no es permanente*), que tu futuro yo es más importante que tu yo actual. La razón es que tus comportamientos de hoy te convertirán en tu futuro yo. Cada vez que vayas a hacer algo, pregúntate: ¿Cómo haría esto mi futuro yo? Si comienzas a comportarte como esa persona hoy, te convertirás en ella más pronto de lo que crees.

¿POR QUÉ LO HACES?

Cuando reflexionas sobre el motivo para hacer algo, la forma en que ves ese algo no vuelve a ser la misma.

Probablemente te ha pasado que escuchas una charla motivacional o miras un *post* inspiracional y automáticamente quieres salir a comerte el mundo. Es como si te inyectaran una dosis de algo que te empuja a hacer todo eso que llevas queriendo hacer. Eso está bien, pero hay un pequeño detalle. Lo más probable es que luego de esa pequeña inyección de motivación, a los pocos días, o incluso horas (tal vez minutos), te encuentras haciendo los mismos comportamientos de los cuáles tratas de salir.

Yo pienso que esto pasa porque ese tipo de motivación externa (escuchar a otra persona hablar o ver el ejemplo de alguien) nunca va a ser lo suficientemente fuerte para cuando tengas que sobrellevar tus propios retos personales. Definitivamente, eso podría darte un empuje para comenzar a hacer algo distinto, pero existe un modo mucho más profundo que simplemente escuchar a alguien hablando bonito.

En *El hombre en busca de sentido,* Victor Frankl nos cuenta cómo sobrevivió en uno de los campos de concentración nazi durante la Segunda Guerra Mundial, mientras que, a la vez, estudiaba quiénes eran las personas con las mayores probabilidades de sobrevivir. Resultó que eran aquellas que tenían una razón para vivir mucho más grande que quiénes tenían mayores probabilidades. Las personas con un propósito para su vida aumentaban su nivel de sobrevivencia.

No sé tú, pero yo creo que, si Frankl pudo sobrevivir a una de las épocas más obscuras de la humanidad buscando una razón en su futuro, nosotros podríamos utilizar esta estrategia para cumplir cualquier meta que nos planteemos en nuestra vida. ¿Realmente te preguntas las razones por las que haces las cosas? Y no me refiero a la razón simple, me refiero a la razón profunda, al análisis de por qué haces lo que haces en tu vida.

En mi opinión, para ir por algo, la razón puede ser dividida en dos: una positiva y una negativa; y ambas pueden funcionar bien en conjunto. Es como tener la posibilidad de poder elegir entre un motivo positivo o uno negativo al momento de decidir querer o dejar de hacer algo. Para llegar hasta donde quiero con esto, deseo contarte que durante dieciséis años fui fumador.

Sí, lo sé, seguro te estás preguntando cómo rayos este tipo me va a hablar de hábitos cuando él tuvo uno de los peores por tantos años. Pues te respondo que es precisamente por eso, ¡porque tengo experiencias de sobra embarrándola!

Volviendo con el cuento... Aun cuando fumaba, siempre me decía que no quería ser un padre fumador. Sabía que tenía que terminar con ese vicio antes de que tuviera hijos. Esto se convirtió en mi razón positiva para dejar de fumar: quería ser el mejor ejemplo posible para mis hijos (aunque aún no los tenía, era mi futuro yo en acción) y vivir la mayor cantidad de años con ellos. Sabía que fumando no iba a lograr ninguna de las dos.

Por otra parte, había una persona que odiaba con todo su ser que yo fumara: mi papá. Papi sabía que yo fumaba, pero durante esos dieciséis años jamás me atreví a prender un cigarrillo frente a él, no quería faltarle el respeto. En septiembre 10 de 2015 perdí a mi viejo y, pese a que siento que le di muchas satisfacciones como hijo, jamás pude decirle: «Pa, quiero que sepas que dejé de fumar». Eso fue algo que me doblegó y terminó convirtiéndose en mi razón negativa, ese evento que te trastoca para que hagas algo. Muchas veces no nos percatamos de que un evento 'negativo' nuestra vida puede ser la epifanía que andábamos buscando. Así fue como el primer día de los padres posterior a decirle adiós a mi viejo, el 19 de junio de

2016, me fumé el último cigarrillo y desde entonces, no he vuelto a tocar uno.

Cuando combinas razones poderosas, tanto positivas, como negativas, tienes lo que yo llamo la fuente infinita de energía, esa que te ayuda a cumplir cualquier cosa que quieras.

En este momento quiero resaltar que para mí las situaciones de la vida no son positivas o negativas, sino que son como decidimos verlas. Toma tiempo, pero muchas situaciones en la vida que inicialmente eran negativas, a largo plazo se convierten en bendiciones.

TOMA ACCIÓN

Te invito a buscar razones de peso para cumplir las cosas que tienes como metas en esta vida.

- ¿Por qué quieres realmente cumplir esa meta? No puede ser superficial, busca todos los porqués que puedas.
- ¿Tienes razones positivas para lograrlo?
- ¿Tienes razones negativas para lograrlo? ¿Qué consecuencias habrá de no hacerlo?
- ¿Cuáles son las razones por las cuáles no lo has intentado? Es importante diferenciar si son razones objetivas o simplemente excusas.

RUTA GANADORA

Esto no es un ejercicio puramente filosófico o romántico. En el libro *Empieza con el porqué*, Simon Sinek explica la parte biológica del porqué. Si no tienes un porqué se te hará más difícil tomar una acción sostenible. El descubrir tu porqué es un proceso de descubrimiento. Tomará tiempo, dale la importancia que merece al buscar tu porqué.

5

CREA TU PROPIO LIBRETO

El papel principal en la película
de tu vida pertenece a ti.
Además de eso, tienes el honor
de escribir el libreto, dirigirla
y producirla con tus acciones.
De hecho, puedes elegir hasta
a los actores de reparto.
Ejecuta para ganar un Óscar.

Carlos Figueroa

CONSTRUYE TU RUTA

¿ME ENSEÑARÍAS TU CUARTO?

Lo quieras o no, tu mundo exterior refleja tu mundo interior.

Sin importar quién te haya criado —bien sea tu mamá, un tío o una de tus abuelas—, lo más probable es que tenías a alguien que te empujaba a recoger tu habitación. En mi caso siempre fue mi mamá, aunque no siempre lo hacía de la manera más dulce (que conste que ella me lo decía con amor al principio, pero su tono de voz incrementaba en proporcionalmente a mi procrastinación para recogerlo).

Había ocasiones, no lo niego, en las que no sabía cómo empezar a recoger, lo que sí te puedo decir es que siempre se sentía muy bien cuando terminaba. No lo niegues, sabes perfectamente que cuando terminas de recoger cualquier área de tu casa u oficina, que parecía una zona de desastre, sientes un alivio combinado con una sensación de triunfo.

Pese a que en ese tiempo lo hacía como una obligación, años más tarde entendí la importancia de recoger el cuarto, la casa y mantener los espacios organizados. Espacios como tu cuarto, casa, auto u oficina muchas veces son un reflejo de tu estado mental. Si están desorganizados, así también lo estará tu mente. De hecho, estudios recientes demuestran que existe una relación estrecha entre habitaciones desordenadas y la depresión.

El caos doméstico representa el nivel de desorganización o confusión mental, se caracteriza por falta de rutinas familiares, ausencia de estructura en las actividades diarias y un ritmo de vida familiar demasiado acelerado. Además, los desórdenes van acompañados de mucha vergüenza, es por eso por lo que probablemente no me enseñarías tu cuarto si tienes un desorden (o un desastre, depende del nivel).

El desorden usualmente implica falta de enfoque, disciplina y motivación. Yo no sé tú, pero yo quiero abundancia de esas tres cosas. Tu ambiente tiene un impacto directo en tus resultados. De hecho, tu ambiente y tú no son cosas separadas, son partes de un mismo sistema. Si no mantienes un ambiente que te inspire, eso va a tener un impacto en ti, lo quieras o no.

¿Quieres mejorar? Comienza por mejorar tu ambiente, comienza por tener organización. Sí, lo sé, me vas a decir: «Pero, Carlos, ¿para qué si se va a volver a desorganizar?» (imagina que justo ahora te estoy mirando con la cabeza un poco torcida, ceño fruncido y mirada penetrante). Mi primera respuesta sería que tampoco te bañes, porque te vas a volver a ensuciar. Sin embargo, prefiero explicarte que los sistemas tienden a desorganizarse y que, por ende, como un sistema tiene un grado de energía, tendrás que invertir energía en mantenerlo recogido. Tu ropa se ensucia y la lavas. Si cocinas, debes fregar los trastes. Si vas al baño, debes descargarlo. ¿Me entiendes?

El punto es que algo tan simple como recoger un área de tu casa va a tener un efecto agrandado en tu vida. Obtienes una pequeña victoria, un gran *shot* de dopamina y comienzas a crear impulso en tu día (y tal vez en tu vida).

TOMA ACCIÓN

Te invito a buscar algún área de tu vida y organizarla lo mejor que puedas. No te limites a tu casa u oficina. Podrían ser incluso cosas innecesarias en tu celular o computadora. Crea un ambiente que te inspire a seguir mejorando en tu vida, que te ayude a acelerar tus metas.

- ¿Qué área de tu casa tiene la mayor desorganización?
- ¿Qué cosas puedes eliminar que en realidad no utilices?
- ¿De qué manera podrías crear un sistema para evitar caer en el mismo desorden?
- ¿Cómo se vería esa área que elegiste si fueras la persona en la que te quieres convertir?

RUTA GANADORA

En el libro *Tiny Habits*, el doctor B. J. Fogg habla de un *blitz* de celebración de tres minutos. Esto no es otra cosa que hacerte un autoataque de dopamina. Fogg sugiere que ubiques el espacio más desordenado de tu casa u oficina y te pongas a organizarlo durante tres minutos. Mientras lo haces, y hasta que termine el tiempo, celebra por cada cosa que elimines o pongas en su lugar. Cada celebración hace que generes dopamina, el neurotransmisor de recompensa. Su predicción es que sentirás que tu vida es mejor con estas pequeñas ráfagas de satisfacción. Yo lo uso con frecuencia para impulsar mis días.

¿QUÉ VAS A HACER MAÑANA?

Quien no planifica su vida está a la merced de los planes de los demás; si no diseñas lo que harás con tu tiempo, alguien lo hará por ti. Planificarte da libertad para hacer las cosas que amas.

¿Sabías que las personas que consistentemente llevan una agenda diaria son tres veces más propensas a ser millonarias que aquellas que no lo hacen? Me cuesta mucho trabajo entender cómo es que hay tantas personas que no se detienen a planificar su tiempo. No se trata solo de las probabilidades de tener más dinero (oye, claro que me gusta), se trata de la libertad de hacer más de lo que quieres, cuando quieres. Sin plan, simplemente estás a merced de lo que te tire la vida, sin rumbo ni control. Es como subirte a un auto sin saber a dónde vas. Es literalmente perder el tiempo, ese activo tan valioso del que todo el mundo quiere más.

Te voy a contar algo que cambió mi vida para siempre. Tú y yo tenemos las mismas ciento sesenta y ocho horas a la semana (ni una más ni una menos). En promedio, dormimos entre siete a ocho horas diarias. Además, obligatoriamente tienes que comer, bañarte y, por supuesto, ir al baño (digo, si no eres extraterrestre). En eso, lo quieras o no, vas a consumir entre veinte y treinta horas a la semana. Al sumarlo, te debe dar un número cercano a ochenta horas: ahí tienes aproximadamente la mitad de tu semana. Entiéndelo, la mitad de tu tiempo se te va en mantenerte con vida (porque si no comes y duermes no puedes vivir), es el costo de ser un humano.

Si trabajas, estudias, o ambas, entonces en esta otra categoría inviertes entre cincuenta a sesenta horas, lo que representa entre un veinticinco o un treinta y cinco por ciento de tu semana. Ahora respira profundo y luego lee esto: ¡Solo te quedan de veinticinco a treinta y cinco horas a la semana para hacer el resto de tu vida! Un tiempo que tienes que dividir entre hacer el amor, ver televisión, viajar, ir al médico, hacer compras, celebrar cumpleaños y pasar tiempo en familia. ¡Ese es el tiempo que tienes para cumplir cada uno de tus sueños!

El día que yo procesé e internalicé esa información mi vida cambió para siempre. Ese fue el día en que decidí que no iba a joder con mi tiempo, que iba a maximizar cada segundo que pudiera. Adivina, ¿qué es lo más efectivo para comenzar a maximizar tu tiempo? Correcto. Planificar tu semana.

TOMA ACCIÓN

Te invito a crear el hábito de planificar tu semana y transformarlo en el ritual que te va a acercar constantemente a la persona en la que te quieres convertir.

- ¿Tienes una agenda o sistema para planificar tu semana? Si la respuesta es no, busca uno. Mientras lo consigues, simplemente busca un papel en blanco que puedas usar para comenzar.
- ¿Qué puedes hacer durante la próxima semana para acercarte a tus metas en las tres áreas que determinaste anteriormente?
- ¿Qué día de la semana vas a dedicar a cada una de ellas?
- ¿Cuál es la mejor manera de usar las veinticinco a treinta y cinco horas que te quedan disponibles en la semana?

RUTA GANADORA

Utiliza la regla de tres. Nuestra mente es una máquina de buscar patrones y patrón de tres es el patrón más simple identificado por nuestro cerebro. Aristóteles escribió «*omne trium perfectum*», que se traduce a algo como «todo (lo que se describe) en (formato de) tres es perfecto». Entonces, determina cuáles son tus tres prioridades cada día de la semana. No planifiques más de tres cosas, ya entiendes lo que tu cerebro prefiere.

¿QUÉ QUIERES HACER HOY REALMENTE?

Demasiadas personas quieren ser multimillonarias sin serlo, pero si les dieras esa cantidad de dinero hoy, no tendrían idea de cómo comportarse.

Sin importar cuán grande sea tu fortuna, me atrevo a apostar que quisieras un poco más. No hay nada de malo hay con eso, es nuestra naturaleza el querer tener más. Ahora, te pregunto, ¿sabes exactamente cómo sería tu día si el dinero no fuera un límite?

Por lo general, las personas que aún no tienen libertad financiera sueñan constantemente con ese momento y seguro se dicen a sí mismas: «Si tuviera diez millones de dólares en el banco me la pasaría viajando, no trabajaría y el resto del tiempo estaría viendo Netflix en mi casa sin hacer nada, relax». Sí, sí, claro. Imagino que eso es totalmente sostenible. Sin embargo, lo cierto es que si solo viajas sin hacer nada más, lamento informarte que tu fortuna no durará mucho; que después de varios días frente al televisor te vas a aburrir (créelo) y que si no persigues algo que te llene, que tenga un propósito, vas a vivir una vida vacía y eventualmente vas a sentir remordimiento.

Te sorprenderías, pero las personas con antecedentes de enfermedad mental y también de altos ingresos corren un mayor riesgo de suicidarse que sus contrapartes de bajos ingresos. En resumen, el dinero no es la solución.

Ahora, cierra los ojos por un momento e imagina tu día ideal. Te pregunto, ¿sabes cuál es tu día ideal? ¿Como sería ese día perfecto si el dinero no fuera un obstáculo? ¿Con quién pasarías tiempo? ¿Qué harías hora tras hora? No me malinterpretes, me fascina viajar y es una parte importante de mi vida; también me gusta ver series y películas con mi esposa, mi hija y mi hijo, pero no pasaría todo el tiempo haciendo solo eso. Me refiero a cómo sería un día regular, cómo quisieras que transcurriera tu vida si tuvieras el éxito financiero que deseas (tal vez ya lo tienes, pero aún tus días no son lo que imaginabas). Hace años descubrí el concepto de diseñar cómo se vería un día normal si cumplieras todas tus metas, si ya fueras la persona que quieres ser.

Mi día ideal implica levantarme a las cinco de la mañana y tener una hora de silencio antes de que mi familia despierte, para meditar, anotar en mi diario las razones por las que doy gracias, escribir un poco. Luego, llevar a mi hija y mi hijo a la escuela, hacer ejercicios y tomar la mañana para tener espacio creativo, diseñar nuevos cursos o eventos que envuelvan la evolución de Gana Tu Día, mi movimiento, almorzar con alguien con quien pueda tener una conversación interesante para aprender y desarrollar oportunidades de negocios.

Después dedicar la tarde para reunirme con mi equipo y hacer las cosas que envuelvan el uso de la lógica, resolver problemas. En la noche cenar con mi familia, hablando de lo mejor de su día y preguntando qué aprendieron y en qué fracasaron. Continuar con una conversación o ver una película con mi esposa, para cerrar con una copa de vino y, antes de mi ritual para dormir, evaluar mi plan del próximo día.

Este es mi día ideal durante el cual trabajé en mí, conecté con personas, aporté a la vida de otras tantas y tuve momentos dedicados a los seres más importantes de mi vida.

Algo fantástico sucede cuando haces este ejercicio de visualización. Poco a poco tu cerebro va buscando formas de que esto suceda. Tu subconsciente comienza a trabajar para que tu día real se parezca a tu día ideal. Obviamente no todos tus días son iguales, pero la mayoría de tus días tienen cosas en común, por lo que hacer este ejercicio ayuda a que tus días sean como realmente quieres que sean. Te desmayarías si vieras cómo eran mis días la primera vez que hice esto y lo mucho que me he acercado a mi día ideal. Constantemente, sigo haciendo ajustes (tú tendrás que hacerlos también). Tu día ideal de hoy no será el mismo dentro de cinco años (porque serás alguien totalmente distinto); pero comienza, la vida te irá avisando cuando haya que hacer modificaciones.

En mi caso, uno de los secretos para obtener logros con este ejercicio es meditar al despertar y utilizar el poder de la calma con la transición que hay en el cerebro de ondas delta a ondas theta y luego a ondas alfa, ya que son súperútiles para la creatividad. Esto me permite comenzar el día de la manera más feliz posible, y así determinar el tono para el resto del día. ¡Pruébalo, te sorprenderán los resultados!

TOMA ACCIÓN

Te invito a diseñar tu día ideal y a buscar formas de acercarte a este.

- ¿A qué hora te levantarías?
- ¿Qué harías en la mañana? ¿Y en la tarde?
- ¿Con cuáles personas conectarías?
- ¿Qué rituales no podrían faltar?

RUTA GANADORA

Visualizar ayuda a llevar tus metas del subconsciente al lado consciente de tu cerebro. Tu subconsciente no sabe la diferencia entre la realidad y la fantasía, por lo que piensa que eso que estás visualizando es la realidad. Poco a poco, esto hace que estés más pendiente de las cosas que quieres lograr. A esto se le conoce como **atención selectiva**. En resumen, tus ojos van a buscar lo que tu cerebro quiere ver. Pon en tu agenda tiempo para visualizar tu día ideal; de esta forma, tu cerebro comenzará a creer que esa es tu realidad y buscará maneras de que esta visualización se materialice. No es magia, es biología.

¿CÓMO CREES QUE LO VAS A LOGRAR?

Algunas metas parecen imposibles hasta que las divides en pedazos más pequeños.

Si estás leyendo este libro probablemente tienes muchísimas ambiciones en tu vida que quieres materializar, solo que no tienes ni idea de cómo meterle mano a algunas de ellas. Para esas que parecen imposibles, te pregunto ¿cuánto tiempo has dedicado a crear tu estrategia para lograrlas? No lo digo yo, es Brian Tracy, el experto en productividad y estrategia, que ha escrito como ochenta libros, quien dice que por cada minuto que dediques a planificar ahorrarás diez minutos en la ejecución de eso que quieres lograr. ¿Lo captas?

Hagamos una matemática simple. Si tomas sesenta minutos en planificar un proyecto que quieres lograr, ahorrarás seiscientos minutos. Es decir, ¡ahorras diez horas en la ejecución! Yo no sé a ti, pero a mí me encanta la idea de cualquier cosa que me economice tiempo. Recuerda que solo tenemos entre veinticinco y treinta y cinco horas a la semana para hacer lo que amamos (algo que toda persona quiere un poco más en su vida). Ahora que sabes esto, ¿dedicarías un poco de tiempo a crear una estrategia para eso que quieres lograr? Algunas personas, aun luego de conocer esa información, no harán nada con ella; pero esas personas no están leyendo este libro. Por lo tanto, tú si vas a hacer algo, *Capisci?*

A través de mis talleres y cursos comparto algo que llamo el 1-7-30-90 (en breves minutos te vas a dar cuenta de que no son los números de la lotería nacional, sino un nombre extremadamente simple para una estrategia ultra poderosa que no he logrado mejorar por mi falta de creatividad).

Si has leído este libro en orden, sabes que más de una vez te he preguntado sobre cosas que quieres lograr. Este es el momento de acelerar una de ellas y convertirla en realidad. El método es supersencillo. Primero, toma la meta más importante que tengas y luego escribe en un papel todas las ideas que te vengan a la mente que podrían acercarte a cumplir esa meta. Cuando digo todas, me refiero a ¡todas! En este punto no descartes nada, no importa cuán alocado suene. Es importante dedicarle tiempo a este listado, a excavar todas esas ideas que están en tu maravillosa mente y que tal vez ni te imaginas. Una sugerencia importante: sal a caminar. Sí, confía en mí.

No es casualidad que el filósofo alemán Friedrich Nietzsche, uno de los pensadores más influyentes de los últimos siglos, caminara una hora cada mañana (y tres en la tarde) en busca de ideas que luego plasmaba en papel. Él dijo que «todos los pensamientos verdaderamente grandes se conciben caminando». Inténtalo. También deja «marinar» estas ideas un poco (no mucho, tampoco) hasta que tengas una cantidad considerable y hayas explorado diferentes alternativas. Un bono: si combinas las caminatas con las visualizaciones sugeridas en el tema anterior, créeme, las ideas van a fluir.

Ahora, una vez que termines el listado, hazte las siguientes preguntas. ¿Cuáles de esas ideas puedes hacer en un día? ¿Cuáles te tomarían siete días o más? ¿Cuáles treinta días o más? Y sí, adivinaste, ¿cuáles te tomarán más de noventa días? Aprovecha y descarta aquellas ideas que, ahora que las miras bien una vez evaluadas, no hacen mucho tienen sentido. ¿Adivina qué? Una vez que ya hayas clasificado cada una de estas ideas, ¡ya tienes tu estrategia!

Por último, y probablemente lo más importante, toma acción hoy mismo. Completa una de esas ideas que puedes hacer inmediatamente y ataca una diariamente. No, no va a ser perfecto, ningún plan o estrategia lo es, pero te prometo que te vas a acercar. He visto cómo personas aceleran sus metas de un año de manera exponencial al utilizar esta estrategia (personas que aumentan sus ingresos, bajan de peso, crean negocios nuevos y mucho más). Me encantaría saber tus resultados, así que, sin dudar, envíame un *e-mail* a info@ganatudia.com para darme a conocer tu historia.

TOMA ACCIÓN

Te invito a crear la estrategia de tus metas más importantes (las que identificaste cuando calibraste el GPS de tu vida) aplicando el 1-7-30-90.

- ¿Cuáles son todas las ideas que tengo que podrían ayudarme a cumplir mi meta?
- ¿Cuáles de esas ideas puedes hacer en un día?
- ¿Cuáles te tomarían siete días o más?
- ¿Cuáles te llevarían treinta días o más?
- ¿Cuáles lograrías en noventa días o más?
- ¿Cuáles podemos descartar (sonaban bien antes, pero ahora no tienen sentido)?
- ¿Cuál vas a hacer hoy?

RUTA GANADORA

Hay algo llamado la Ley de Parkinson, creada por el historiador Cyril Northcote Parkinson, que sostiene que tus tareas se van a expandir para cumplirse en el tiempo que tienes disponible. Mi interpretación es la siguiente: si dices que algo te va a tomar tres meses, te tomará tres meses; si dices que te tomará tres días, te tomará tres días. Dime que no has tenido tu casa revuelta por semanas hasta que sabes que viene alguien de visita y en minutos queda recogida. Sé que es así, me ha pasado cientos de veces. Exactamente lo mismo pasará con estas ideas, te tomarán el tiempo que determines que te van a tomar. Así que busca el reto y trata de reducir el tiempo que te tomarán. Se realista, pero empújate.

¿POR QUÉ NO VES RESULTADOS?

Puedes tener ambición, el plan perfecto y la mejor de las intenciones, pero si tu ambiente no es el adecuado, jamás tendrás el desenlace que deseas.

No es necesario tener un doctorado en agricultura para saber que necesitas terreno fértil si quieres que las semillas germinen. Puedes tener la mejor de las semillas, el abono más potente y echarles agua a diario, pero si siembras en cemento, no van a germinar. Esto pasa contigo también. Ya en este punto puede que tengas una visión clara, metas específicas, organización y razones poderosas para ser mejor y, aun así, si tu entorno no es el correcto, no llegarás a los resultados que aspiras.

Esto es algo científicamente comprobado. El doctor Bruce Lipton, en su libro *La biología de la creencia*, explica cómo dos células madres idénticas pueden convertirse en tejidos distintos. Literalmente, dos células idénticas cultivadas en ambientes distintos pueden terminar convirtiéndose en tejido óseo (una de ellas) y en tejido muscular (la otra). A mí esto me parece algo fascinante.

Ahora bien, partiendo de la premisa de que tú y yo estamos compuestos por células, esto puede ser una noticia maravillosa o trágica. La buena noticia es que no importa cuál sea tu ADN, si estás en el ambiente correcto, tendrás posibilidad de mejorar. La mala: no importa cuánto quieras mejorar, no podrás lograrlo si no sales del ambiente incorrecto.

Entonces, ¿cómo lo hacemos? Te explico, es simple (aunque puede tomar trabajo). Sacando la biología del panorama, desde mi punto de vista no hay nada que afecte tanto tu ambiente como las personas de las que te rodeas. Punto. Tanto es así que estoy seguro de que, si solo decides cambiar tu círculo cercano por uno que vaya acorde a las metas que quieres lograr, tendrás mayor probabilidad de éxito que alguien que aplica todas las demás estrategias, pero permanece en el círculo incorrecto. No me cabe duda de que, si paras de leer este libro en este punto y únicamente aplicas esto, sé que tendrás mejores resultados. Mi opinión no se basa en data científica, como la del doctor Lipton, pero sí en la evidencia que he visto a través de mi vida y mis talleres.

Dicen que Jim Rohn fue el primero en decir que «eres el promedio de las cinco personas con las que más tiempo pasas», frase que probablemente has escuchado antes. Un gran amigo, el empresario José Galíndez, hizo el mejor parafraseo que he escuchado de esta frase: «Si te pasas con cuatro pendejos, astronauta no eres». Por mi parte, te confieso que durante mucho tiempo repetí esto sin realmente asimilarlo. Solo pude entender el poder que tenía en mi vida en el momento en que hice el ejercicio de evaluar áreas importantes para mi vida, como la salud, el crecimiento intelectual, la fortaleza emocional, las finanzas y, finalmente, también las personas más cercanas a mí. Fue en ese instante que mi cerebro hizo clic y se prendió el *switch*.

No es un análisis perfecto, pero en los momentos de mi vida en los que intencionalmente me rodeé de personas que tenían salud física mejoró mi salud. Lo mismo pasó con mi desarrollo personal, las finanzas, mi carrera, etcétera.

Por eso te invito a que lo intentes. No necesitas hacer una tesis, solo se trata de una evaluación simple de tu núcleo de personas, ¿cómo evaluarías a tus personas cercanas en las áreas que quieres mejorar? Lo sé, me vas a decir: «Carlos, pero es que no puedo alejarme de mis amistades y familiares así como así, ¿qué hago entonces?». Simple, sé más intencional con las personas que añades a tu círculo con las que quieres rodearte. ¿Quieres mejorar tu salud? Únete a un gimnasio donde haya personas que tengan mejor salud que tú. ¿Quieres tener mejor estabilidad económica? Únete a alguna organización o grupo de personas que tengan éxito financiero.

Créeme, en este mundo en que vivimos postpandemia no hay excusas. Cualquier grupo al que quieras unirte lo puedes encontrar en las redes sociales, puedes comunicarte por Zoom o cualquier plataforma virtual. No hay razón para no interactuar con personas que tienen características que quieres conseguir. Lo repito, este es el hábito mas importante que he creado para poder acercarme a mis metas, no lo tomes como algo insignificante.

TOMA ACCIÓN

Te invito a evaluar tu núcleo cercano, las personas que te rodean.

- Cuando miras tus metas más importantes, ¿cómo evaluarías a tu núcleo más cercano en cada una de esas áreas? ¿Tienen éxito o están peor que tú?
- Mantenlo simple. En una escala del uno al cinco, ¿cuánto le das a esas personas? ¿Cuánto te das a ti?
- ¿Qué puedes hacer para pasar más tiempo con personas que tengan éxito en esas áreas? ¿A cuáles grupos te puedes unir?

RUTA GANADORA

Si quieres forzarlo aún más, invierte en tus relaciones con estas personas. No, no se trata de comprar amistades (¡por favor!). Hay algo conocido como la Falacia del Concorde o Falacia del costo irrecuperable, que sostiene que cuando has invertido en algo tiendes a darle más valor. Por ejemplo, si inviertes una cantidad (considerable) de dinero en un gimnasio o en un curso donde vas a compartir con personas, le vas a dar más valor y, por ende, lo vas a hacer parte de tu vida. Si en algo invierto constantemente es en mis relaciones con las personas de quienes quiero aprender o que pueden ayudarme a crecer. Ya sea tomando cursos, teniendo almuerzos o cenas, participando de *masterminds* o, simplemente, apoyando a personas importantes de mi círculo en sus proyectos importantes. No se trata de invertir solo dinero, consiste en invertir algo mucho más valioso: tu tiempo.

6

PREPÁRATE PARA GANAR

La victoria no se obtiene en el terreno de juego, sino mucho antes de llegar ahí.
Lo mejor que puedes hacer para obtenerla es prepararte para ese momento.

Carlos Figueroa

CONSTRUYE TU RUTA

¿GANAS TU DÍA?

No tienes control absoluto sobre todas las situaciones que te ocurren durante el día, pero tienes el control de sobre cómo te preparas para afrontar la vida todas las mañanas.

Debes buscar la manera de **ganar tu día**. ¿Qué significa esto? Te lo explico. Vivimos en un mundo tan plagado de distracciones que la mayoría de las personas allá afuera están constantemente perdiendo su día. Si llevaran una bitácora de cuántas veces le han ganado al día, el puntaje sería arrollador a favor del día. Se levantan sin la consciencia de que tienen una nueva oportunidad de vivir. Van directo a revisar *likes*, *e-mails* y noticias; no conectan con su interior, intención o visión. Se lanzan directamente al vacío, a la espiral descendente de todos los problemas y tareas que la vida les presenta. No le dedican tiempo a la persona más importante de sus vidas, en lo que podría ser el momento determinante del resto del día.

Si no lo sabías, según las estadísticas, lo que haces antes de las ocho de la mañana en gran medida determinará el éxito (lo que eso signifique para ti) en tu vida. En el libro *Tiende tu cama*, William H. McRaven dice que «si quieres cambiar el mundo, comienza por hacer tu cama». Nos explica cómo este pequeño acto puede ser una de las primeras victorias de tu día y, además, te ayuda a crear disciplina. De hecho, el mismo McRaven habla de que cuando se recuperaba de un serio accidente de paracaídas, lo primero que hizo cuando pudo ponerse de pie levantarse de la cama fue tender la cama. Esta era la forma en la que demostraría que había vencido la lesión y estaba listo para ir la nueva próxima etapa de su vida.

Tender la cama es uno de los hábitos de muchas de las personas que admiro y considero exitosas. El día en que descubrí que estas personas tenían eso en común, lo apliqué inmediatamente a mi vida, porque quería ver el impacto que tenía en ella. ¿A quién no le gusta llegar a su cuarto para acostarse y ver que tiene una cama tendida en excelentes condiciones, como si estuvieras en un hotel? Obviamente, no es lo primero que hago ya que me levanto mientras mi esposa aún duerme, pero lo completo antes de llevar a mis hijos a la escuelita (no hay excusas).

La mayoría de las personas exitosas ganan su día. Se levantan a una hora regular (usualmente más temprano que la persona promedio), se ejercitan (o al menos se mueven), oran, meditan (o tienen un espacio de silencio) y leen varias páginas de un buen libro antes de hacer cualquier otra cosa en su día. Libros como *El Club de las 5 de la mañana* de Robin Sharma hacen referencia a la importancia de esto.

No vengo a tratar de convencerte de que hagas esas cosas en específico, pero sí a dejarte claro que si no determinas cómo será tu mañana y creas consistencia en esa disciplina, estás perdiendo una gran oportunidad de tener una vida más feliz, plena y exitosa. Si no ganas tu mañana, la responsabilidad de que tengas una buena actitud durante el día recaerá sobre tu fuerza de voluntad, y como ya sabes, ese músculo tiene una capacidad limitada.

Mi vida cambió por completo cuando comencé a dedicar las mañanas para mí. Te confieso que en mi caso fue un proceso que tardó años en desarrollarse y que a menudo reevalúo para mejorarlo, aún contiene variaciones naturales para poder cumplir con mis responsabilidades, como padre y esposo, pero, en definitiva, hay algo que no ha cambiado: siempre tengo un momento de la mañana que es completamente mío.

Por lo general, mis mañanas envuelven una meditación (las seis fases de Vishen Lackiani), anotar cosas por las cuales soy agradecido, escribir las metas más importantes de mi vida en presente (sí, lo hago diariamente, más adelante entenderás la regla del cincuenta por ciento), hacer ejercicio físico al menos cinco días a la semana, ayuno intermitente al menos tres veces por semana, leer de veinte a treinta minutos y un baño con agua a temperatura de nevera (hablaré de esto más adelante). Cada cosa tiene una razón que ha sido comprobada por datos científicos.

Definitivamente, enfrento la vida con una mejor actitud cuando he cumplido mi rutina. El ingrediente más importante de todo esto es que mi rutina mañanera me acerca a la persona en la que me quiero convertir. Cuando yo gano mi mañana, ya he ganado mi día.

Aquí tienes un ejemplo que puedes utilizar. Lewis Howes, escritor de varios libros *best sellers* y anfitrión de uno de los *podcasts* más escuchados mundialmente, tiene una rutina que se ve así:

- 6:15 a. m. Despertar, cepillar dientes, baño.
- 6:20 a. m. Tender la cama, vestirse para entrenar.
- 6:30 a. m. Ejercitarse (pesas, yoga, correr).
- 7:30 a. m. Estirar, meditar, escribir en el diario.
- 8:00 a. m. Bañarse, vestirse para el día.
- 8:20 a. m. Leer, determinar las tres prioridades del día.
- 9:00 a. m. Hora de trabajar.

Antes de que me des todas las razones (excusas) por las cuales Lewis puede y tú no, solo quiero decirte: resérvatelas. No tienes que hacer lo que hace él. Determina algo que se ajuste a ti y comienza poco a poco. Si lo haces consistentemente y no ves un cambio en tu actitud hacia la vida, te devolveremos tu dinero (en realidad no, pero tú entiendes a lo que me refiero).

TOMA ACCIÓN

Te invito a diseñar tu mañana para que puedas ganar tu día. No te enfoques en hacer demasiado, elige dos o tres actividades que sean verdaderamente importantes para ti, además de las obvias que sabes que tienes que hacer (espero que te cepilles los dientes).

- ¿Cuánto tiempo necesitas para tu rutina mañanera? Determina a qué hora tienes que levantarte para tener tiempo de ejecutar esa rutina antes de ir a trabajar o de emprender las tareas que tengas que hacer en el día.
- ¿Cuáles actividades quieres y puedes hacer? Es importante que sea algo que puedes realmente hacer y que, además, desees hacer. Querer solamente no será suficiente para convertirlo en un hábito o rutina.
- ¿Con cuál vas a comenzar mañana? Esto probablemente será un proceso de experimentar hasta que logres la rutina que funciona para ti.
- ¿Por qué son importantes estas actividades? La razón por la que las haces determinará gran parte de tu éxito en tu mañana.

RUTA GANADORA

Cuando pones algo por escrito tienes casi un cincuenta por ciento más de probabilidades de que ocurra. Si en realidad quieres que tu rutina mañanera suceda, diséñala, ponla por escrito y colócala en un lugar donde puedas verla en las mañanas hasta que la conviertas en un hábito. Sugerencia: en tu mesa de noche será difícil no verla.

¿CUÁNTO VALE TU TIEMPO?

El día que le des valor a tu tiempo de la misma manera que valoras el dinero, será la última vez que lo desperdicies.

Que quede claro, no te estoy preguntando cuánto cobras por hora. Eso es irrelevante. Pero ¿le has otorgado un valor real a tu tiempo? Sí, me refiero a un número, al valor que tuviera en el mercado si pudieras venderlo o si tuvieras que comprarlo para poder utilizarlo. La realidad es que, como te dije en el primer capítulo, hoy no es un día más, es un día menos. El tiempo no regresa. No importa si eres uno de los empresarios más ricos del planeta: no puedes comprar el tiempo.

Sin embargo, la mayoría de las personas trata el tiempo como si viniera de una fuente infinita, como si nunca se fuese a acabar. El día que le asigné un valor a mi tiempo fue el día que dejé de utilizarlo para cosas que no le añaden valor a mi vida. ¡Grábatelo!

¿Quieres un ejemplo? Hace algunos años tuve lo que por mucho tiempo fue el carro de mis sueños, un Ford Mustang GT color rojo (lamento desilusionarte si pensabas que era un Ferrari. Ese será el próximo). Era un carro precioso y superdivertido para guiar, lo soñé por muchos años hasta que logré obtenerlo. El punto es que, aun cuando era algo que deseaba muchísimo, durante los tres años que lo tuve no lo lavé yo mismo ni una sola vez.

Sé lo que estás pensando: «Este pendejo se cree demasiado importante para pasar tiempo limpiando su vehículo». Y la realidad es que no se trata de eso, yo no me siento más importante que nadie. Pero mi tiempo, eso sí es una de las cosas más importantes en mi vida, lo suficientemente importante como para no utilizarlo lavando carros.

Lo que sucede es que yo no soy muy bueno limpiando autos. Me toma demasiado y, aun así, no logro dejarlo tan inmaculado como lo hace alguien que se dedique a eso. Entonces, ¿es ese el mejor uso de mi tiempo? Para mí, mi tiempo por hora tiene un valor muchísimo más alto que lo que me costaba llevarlo al *car wash*. ¿Para qué voy desperdiciar mi tiempo haciendo eso? «Carlos, es que yo no tengo el dinero para llevar mi carro al *car wash*». Está bien, lo entiendo. Tal vez podría ser tu caso, pero te garantizo que hay otras cosas en las que estás desperdiciando tu tiempo.

Tienes suficiente tiempo como para desperdiciarlo viendo televisión excesivamente, ¿verdad? O tal vez paseando por las redes sociales sin límites. O quizás eres de los que lo gasta hablando sobre otras personas, o tratando de tener razón en algo que no hace diferencia en tu vida.

Mi punto es que una vez que le asignas un valor a tu tiempo, y realmente crees en ese valor, jamás volverás a desperdiciarlo en algo que no te ayude a crecer, en algo que no te esté acercando a tus metas, o que no te transforme en a la persona que quieres ser.

TOMA ACCIÓN

Mis preguntas para ti son: ¿cómo cambiaría tu vida si trataras el tiempo con el respeto que merece?, ¿qué cosas dejarías de hacer?, ¿a qué le dedicarías más tiempo? Comienza a tratar el tiempo como si fuera dinero y no lo volverás a desperdiciar.

- Si tuvieras que asignarle un valor a tu tiempo para asegurarte de que jamás lo volverás a desperdiciarlo, ¿cuál sería? Literalmente, ¿cuál sería el número?
- Ya que tienes ese valor, ¿cuáles son las áreas más importantes de tu vida en las que debes invertir tu tiempo?
- ¿En qué estás desperdiciando tu tiempo?
- ¿Cuáles cosas vas a dejar de hacer?

RUTA GANADORA

En el libro *Millionaire success habits*, Dean Graziosi habla de cómo un listado de «cosas para no hacer» es mucho más importante para el éxito que un listado de tareas por hacer. Comienza listando todas las cosas que haces que no te acercan a tus metas. Luego, decide las cosas que debes eliminar, cuáles puedes delegar o subcontratar y cuáles puedes automatizar o reemplazar. Si haces este ejercicio a menudo, vas a maximizar el uso de tu tiempo y darle el valor que merece.

¿HASTA DÓNDE PUEDES LLEGAR?

La mayoría de las limitaciones que tenemos nos las impone la sociedad o, peor aún, nos las hemos impuesto nosotros mismos.

No sé si has escuchado la historia de Roger Bannister. En cualquier caso, déjame contarte. En 1954 este individuo rompió el récord de correr una milla (1 609 metros) en menos de cuatro minutos, al lograrlo en 3:59.4. Antes de que Bannister lograra esto, se pensaba que era meramente imposible para el cuerpo humano correr una milla en ese tiempo y que, incluso, esto podía provocar que el corazón explotara (entre otras cosas).

Como dato curioso, dos meses luego de que se rebasó la marca de los cuatro minutos, John Landy volvió a romper la barrera de los cuatro minutos. Algo que fue impensable durante siglos sucedió dos veces en cuestión de semanas. Hoy en día, sobre mil seiscientos hombres han roto la marca de los cuatro minutos, demostrando que era solo una limitación social y no algo que el cuerpo humano no podía soportar.

No lo niegues, tú también eres alguien que se ha autoimpuesto límites en su vida. No te culpo, nos criaron para eso. El infante promedio escucha la palabra «no» alrededor de cuatrocientas veces al día. Y hago énfasis: ¡cuatrocientas veces al día! Estamos totalmente programados para pensar que no podemos hacer la mayoría de las cosas que queremos lograr. Es por eso que es crucial que comiences tu propio *training* para empujar (y hasta eliminar) tus límites. Tienes que hacerlo parte de tu rutina.

En mi caso, descubrí un ejercicio que me saca totalmente de mi zona de confort la mayoría de los días: duchas de agua fría. Por si no lo sabías, el exponernos a temperaturas extremadamente bajas ha demostrado beneficios como reducción de estrés, fortalecimiento del sistema inmune, aceleración del metabolismo, el aumento del nivel de alerta (obviamente) y, mi favorita, aumenta tu nivel de fuerza de voluntad.

Si quieres aprender técnicas, te recomiendo que sigas a Wim Hof, también conocido como Iceman (Hombre de hielo), quien posee el récords de mayor duración nadando debajo de hielo aguantando la respiración. Wim ha creado una comunidad global de personas que constantemente buscan exponerse a condiciones frías para adiestrar su salud física y emocional.

Por mi parte, aún no tengo mi jacuzzi de agua helada[2], pero desarrollé una técnica muy simple para aplicar esto en mi vida. Todas las noches coloco una jarra de llena de agua en la nevera. El próximo día, durante el baño posterior a mi rutina de ejercicios, me tiro encima toda el agua de la jarra a temperatura de nevera mientras me repito: «Soy la única persona responsable de todo lo que pasa en mi vida». Ese es mi mantra. Por encima de los beneficios fisiológicos, el mayor beneficio que le encuentro es psicológico: me estoy adiestrando para hacer cosas que la mayoría de las personas jamás hará. Es fácil de preparar y de corta duración, por lo que se ajusta perfectamente a mi mañana.

Este ejercicio es la combinación perfecta entre fácil de ejecutar, rápido de preparar mientras supero una prueba súper difícil. Esta es una de las maneras en las que entreno para empujar mis límites. Después de ese chorro casi congelado, mi mente está preparada para lograr cualquier otro reto que se

---

2 Las duchas frías no son la única manera de empujar tus límites. Te exhorto a no seguir mi régimen de duchas frías hasta que hayas tenido aprobación de tu médico o un especialista de la salud para evitar complicaciones.

presente en el camino. Hagas lo que hagas, no permanezcas en la complacencia de tus limitaciones, sube tu nivel en todas las áreas de tu vida.

TOMA ACCIÓN

Mi pregunta para ti es: ¿has evaluado cuáles límites autoimpuestos por ti, o por la sociedad, te están deteniendo tu progreso en la vida? Es hora de entrenar para sobrepasar cualquier barrera que la vida te ponga.

- ¿En qué momentos de tu día puedes dar un poco más de esfuerzo? Ya sea en el gimnasio, tu relación amorosa, con tus hijos o en tu trabajo hay muchas cosas que puedes hacer para empujar los límites de manera saludable.
- ¿Qué actividad puedes incluir en tu rutina para el *training* de empujar tus propios límites?
- ¿Cuáles de tus límites son puras falacias?
- ¿Cuáles límites debes ir trabajando para poder llegar a otro nivel en tu vida? Haz un listado y un plan para trabajarlos uno por uno.

RUTA GANADORA

David Goggins, apodado como el hombre más resistente del mundo, es un *navy seal* de las Fuerzas Armadas de Estados Unidos conocido por lograr el récord mundial de Guinness de *pull-ups* (levantamientos o dominadas), con más de cuatro mil. Además esto, es conocido por correr más de sesenta ultra maratones y ultra triatlones. Goggins dice que cuando nuestra mente siente que no podemos más, nuestro cuerpo solo ha alcanzado el cuarenta por ciento de la capacidad de lo que puede lograr. ¡Sí, solo un cuarenta por ciento!

En su libro *No me puedes lastimar*, nos habla de cómo debes hacer un listado de las cosas que te causan incomodidad, pero que sabes que tienes o debes hacer, y comiences a atacarlas una a una, poco a poco. No tienes que correr cientos de millas como Goggins. Comienza por hacer una repetición más en el gimnasio, levántate diez minutos más temprano, lee una página más, haz un poco más de lo que es requerido en todos los aspectos de tu vida y poco a poco vas a ver cómo irás destrozando todos tus límites.

¿POR QUÉ DESPERDICIAS EL CREPÚSCULO?

Pensamos que nuestro día comienza en la mañana, cuando en realidad comienza justo antes de acostarte a dormir.

Te mentí. Si quieres ganar tu mañana, primero debes ganar tu noche. Es muy simple: si esperas a la mañana para planificar y determinar las cosas que vas a hacer durante el día, estás en desventaja. Quien planifica lo que va a hacer el próximo día tiene las de ganar. Ya sabe lo que tiene que hacer y solo le resta ejecutar.

No hace falta mucho aquí. En las páginas que te han traído hasta este punto he hablado de muchas estrategias y procesos que puedes utilizar en tu noche para crear tu propia rutina y programar tu mente para salir a arrasar todos los días. Voy a repasar algunas de esas sugerencias.

Haz una evaluación de cómo fue tu día e identifica qué fue lo mejor que te pasó, cuáles fueron esos momentos que te sacaron una sonrisa o te impactaron positivamente. Cuando haces esto te obligas a pensar en todo lo bonito que viviste durante tu día.

Identifica qué hubieras hecho distinto si pudieras. Esto te obliga a reflexionar y a aprender de tus errores. Pensamos que no tenemos segundas oportunidades en la vida, pero la realidad es que tienes una nueva cada vez que abres los ojos en la mañana. Así que proponte ser mejor el próximo día y no repetir los mismos errores.

Utiliza el efecto Tetris y programa las tres tareas más importantes para la mañana siguiente. Así tu día va a estar organizado y tu mente se va a levantar directamente a ejecutar, serás como un programa de computadora. Tomás Edison dijo: «Nunca te vayas a dormir sin pedirle algo a tu subconsciente». Entonces, aprovecha y piensa en las soluciones que quieres que tu cerebro vaya buscando mientras duermes. Todo esto lo puedes crear si diseñas una rutina para acostarte que eleve tu nivel.

TOMA ACCIÓN

Te invito a crear la mejor rutina de ir la cama que jamás hayas imaginado, esa es la verdadera manera de maximizar tu día. No lo tomes como una pérdida de tiempo, dedica invierte un poco de esfuerzo en crear el proceso que va a garantizar que tu tiempo despierto sea de mucha mejor calidad. Valdrá la pena.

- ¿A qué hora debes acostarte para poder cumplir con tu rutina mañanera?
- ¿Qué pasos vas a seguir para asegurarte de que tu sueño sea profundo y suficiente?
- ¿Qué te está impidiendo dormir las horas que requieres? ¿Qué vas a hacer para eliminarlo y/o modificarlo?

RUTA GANADORA

Lo admito, ir a la cama temprano y dormir lo suficiente ha sido uno de mis talones de Aquiles históricamente. He tenido que darle la prioridad que merece a uno de los pilares de la salud que más beneficia, tanto a mi cuerpo como a mi cerebro y que, por ende, me ayudará a cumplir cada uno de mis sueños. Además de diseñar por escrito mi rutina de dormir, algunos de los trucos que me han ayudado a mejorar son: utilizar aceite de lavanda, dormir en total oscuridad y poner una música con ondas delta.

La lavanda es un calmante natural que ha sido utilizado por siglos, yo lo utilizo como aceite esencial. Aunque no lo creas, la claridad, por mínima que sea, afecta tu ciclo circadiano. En mi caso, como no puedo conseguir cerrar las ventanas de mi cuarto de forma hermética, cubro mis ojos con un antifaz que no permite que mis ojos vean claridad (es más cómodo de lo que parece y a veces se puede prestar para juegos bien interesantes con tu pareja). Puede que necesites ayuda adicional, así que ve a tu aplicación de YouTube, Spotify o Pandora y busca emisoras con música para dormir (ondas delta) y esto hará que tu sueño sea más profundo. ¡Que descanses!

NO SE TE OLVIDE QUE...

En esta segunda etapa estábamos buscando dirección y estructura.

- Primero determinamos hacia dónde queremos avanzar en nuestra vida, creando una visión y metas específicas.
- Creamos estrategias a largo plazo y las llevamos a hábitos que podemos ejecutar diariamente.
- Diseñamos procesos que nos acercan a la persona en la que nos queremos convertir.

Llegó la hora de explorar las emociones que deseamos sentir, las experiencias que queremos vivir y con quién queremos compartir ambas.

7

TRANSFORMA TU HÁBITAT

Tienes un impacto directo en todos los seres con quien te relacionas. De igual forma, esos seres han formado, forman y formarán parte de tu evolución.

Carlos Figueroa

CONSTRUYE
TU
RUTA

¿TE CONSIDERAS UNA PERSONA AFORTUNADA?

Considero la suerte inicialmente como algo al azar, pero una vez que conoces las cartas que te repartió la vida, tienes control, incluso la responsabilidad de jugar tu mejor partida o cambiar de juego si no te gustan tus circunstancias.

Tal vez has escuchado a gente decir: «Yo no creo en la suerte, yo creo mi propia suerte». De hecho, no te niego que yo fui de esas personas. Hasta que un día me detuve y me pregunté: «Si yo soy quien crea mi propia suerte, ¿cómo creé la suerte de tener el padre y la madre que tuve?». La realidad es que yo no intervine de ninguna forma en eso, fueron ellos quienes me procrearon, yo solo cumplí con nacer (más adelante te contaré esta historia para añadirle más suerte aún).

No tengo una historia triste de superación familiar que contarte. Fui bendecido con unos padres que se sacrificaron por mí y por mi hermana menor. Nos dieron todo lo que pudieron para que fuéramos felices, educados e independientes. Me considero afortunado y lo entiendo, no todo el mundo tiene la misma suerte que yo. Hay personas que no tienen las mejores condiciones; de hecho, me atrevería a apostar que la mayoría de las familias tienen características que podríamos considerar disfuncionales. ¿Y? Debes entender ahora mismo que tu pasado no determina tu futuro. El hecho de que me haya criado en una familia que, según mi definición, es funcional, no me daba la certeza de que iba a lograr convertirme en alguien de bien. De igual forma, tengo amigos cercanos que vienen de hogares con muchos más retos que en el mío y, aun así, se convirtieron en personas extremadamente exitosas, con hambre de dejar su huella en este mundo.

En su libro *Outliers* (*Fuera de serie*), Malcolm Gladwell relata la historia de Bill Gates, desarrollador de *software* y cofundador de Microsoft. Se habla de Gates y de otros, como Steve Jobs (el fundador de Apple), como genios de su generación. Honestamente, es muy probable que lo hayan sido, pero ignoramos que tuvieron unos factores de suerte (esta no es la conclusión que da Gladwell, es mi opinión). Bill Gates nació en el momento perfecto y en la familia perfecta para poder tener acceso a un club de computadoras cerca de su casa. En la época y el lugar donde, básicamente, comenzó la revolución de la computadora personal. Lo entiendo, eso no garantizaba que se iba a convertir en uno de los hombres más influyentes en la historia reciente del planeta, tuvo que joderse para lograrlo, pero al final del día sí hubo un elemento de suerte que él no controlaba.

Tendemos a darle demasiado crédito al talento innato y nos olvidamos de los factores externos. Si buscamos ejemplos opuestos, podría mencionarte a Eric Thomas, uno de los oradores motivacionales más famosos del mundo. Cuando Eric nació, su madre aún era una adolescente y su padre no participó de su crianza. Thomas nació pobre, en lo que podríamos llamar una familia disfuncional, e incluso vagó por las calles. Aun así, decidió cambiar y se ha convertido en inspiración para millones de personas (incluyéndome). En fin, no puedes escoger tu familia, pero sí puedes escoger en lo que te conviertes. Tu familia no tiene que ser tu destino final. Por el contrario, puedes ser tú esa persona que cambie el rumbo de tu árbol genealógico.

La razón por la que quiero hablarte de familia es porque a veces tergiversamos esta relación. Aquí hay varias premisas que he aprendido con el tiempo:

- Tus creencias no tienen que ser idénticas a las de tu familia. Es probable que hayas estado expuesto a nuevas experiencias e información que tus antepasados no tuvieron, por lo que es tu deber pensar con criterio propio y formular tus propias conclusiones.
- Tu familia no es tu cliente necesariamente, no te frustres si no apoyan tus proyectos o ideas al nivel que desearías. Al final del día es tu sueño, no el de ellos.
- En tu familia podrían estar algunas de las personas que más te aman y, por la misma naturaleza humana, a veces herimos o somos heridos por las personas a quienes más amamos.
- Toma lo mejor de tu familia, añádelo a tu caja de herramientas para la vida y desecha todo lo que no te haga sentido. Es probable que no te entiendan e, incluso, que hasta incomodes inicialmente a algunas personas; pero esta es tu vida, no la de ellas.
- Tu suerte va a depender de que tomes las decisiones que te acerquen a quien quieres ser, no de que hagas lo que tu familia desea.

TOMA ACCIÓN

Te invito a evaluar cuáles creencias o tradiciones debes acatar o repensar de tu familia.

- Si vienes de un hogar que consideras afortunado, ¿cómo le sacas el máximo a las ventajas que esto te da?
- Si vienes de un hogar desventajado, ¿cómo reescribes la historia de tu familia desde tu nacimiento en adelante?
- ¿Cuáles tradiciones o creencias familiares quieres mantener y cuáles reevaluar o eliminar?

RUTA GANADORA

Cambia el rumbo de tu árbol genealógico. ¿Cómo puedes acelerar la evolución de tu familia? Busca cuál es el punto más débil de tu familia, conviértete en el mejor en eso y decide que tú vas a ser el pivote que transformará la historia de tu apellido por siempre.

¿QUÉ HARÍAS POR ESA PERSONA?

El amor es un sentimiento que desafía la perfección de las matemáticas: mientras más amor das, más se multiplica el amor.

Conozco a una persona que lleva todo el libro esperando por este capítulo: mi esposa Mairim. Y con toda razón. Si no fuese por ella, probablemente jamás lo hubiera terminado. De hecho, fue ella quien me dio la idea que transmutó a lo que hoy tienes en tus manos. En gran parte, creo que el hecho de que ella haya tomado la decisión de amarme le permitió sacrificarse por ayudarme a cumplir uno de mis sueños: escribir este libro. No olvides la palabra decisión antepuesta a amar, ya que volveré a ella.

La calidad de tus relaciones determina, en gran medida, la calidad de tu vida. Hablaremos de amar, pero antes de exponer mis puntos sobre este tema, debo hacer algunas aclaraciones.

No conozco la razón exacta, pero muchos de mis amigos han acudido a mí cuando se trata de situaciones amorosas. Hasta cierto punto he fungido como un cuasi Cupido en algunas de las relaciones de amigos cercanos, ya sea porque estuve en los comienzos de la relación o le di el empujón para dar el próximo paso. También he estado ahí en los procesos más tumultuosos de algunas parejas cercanas. Me honra saber que confían en mí para situaciones que no le confiarían a cualquier persona. Quiero dejar claro que mi preparación sobre este tema no va más allá de la autoeducación y lo que he aprendido por mi anhelo de ser una mejor pareja. Aclarado esto, voy a lo que nos interesa.

He sido vocal en cuanto a mi relación de pareja. No imagines que tengo un matrimonio perfecto ni nada por el estilo. Tenemos los mismos retos conyugales y familiares que tiene la pareja promedio (poco a poco hemos ido trabajando en ellos). Lo he dicho, puede que la cague algún día y que mi esposa me dé una patada por el lugar donde me siento (probablemente ya ha tenido razones de peso para hacerlo). Espero que eso no llegue a pasar, pero definitivamente las posibilidades están ahí. Es una estadística. Ese precisamente es mi primer punto. Creo que eso puede ser una gran ventaja cuando se trata de trabajar por tu pareja, el que tengas un cierto grado de temor a perderla (abran las compuertas que esa última oración me traerá una gama de censuras inimaginables); ese temor se puede utilizar como punta de lanza para trabajar por enamorar a esa persona, por mantener la creatividad, tanto en la cama, como en las actividades cotidianas.

Como acabo de decir, Mairim y yo hemos tenido retos y crisis profundas. En una de esas etapas (las crisis siempre son oportunidades) sugerí que debíamos acudir con quien era mi *coach* personal en aquel momento, Víctor Lleras. Mairim accedió y pienso que se convirtió en uno de esos pivotes que cambian el rumbo de la historia. Luego de algunas sesiones, tanto individuales, como en pareja, comenzamos a modificar algunas creencias y comportamientos de ambos con procesos sumamente simples.

Uno de los procesos más divertidos y que siempre le recomendamos a nuestras amistades fue el instituir una cena internacional cada seis semanas. Lo que hacemos es escoger un lugar del mundo y seleccionar varios platos que confeccionamos desde cero en la casa. Alternamos quien será el *chef* de la noche y esa persona es la responsable de seleccionar el menú y cocinar (aunque soy yo siempre el responsable de fregar). Usualmente hacemos esto un jueves, luego de que los niños se han ido a la cama. Debo decir que algunas de las conversaciones más cabronas, combinadas con gran sexo, han surgido durante nuestras cenas internacionales.

Esto me lleva a mi segundo punto: ni tú ni tu pareja son expertos en el tema. Si hay personas que se dedican a aconsejar parejas, ¿por qué mejor no acudir a esos expertos cuando alguna situación nos sobrepasa? La mayoría de las parejas suelen buscar ayuda cuando ya es demasiado tarde. En nuestro caso, ese primer *coaching* abrió la puerta para buscar más ayuda. Hemos dialogado acerca de ir a conversar cosas nuevas con sexólogas y acudido a terapistas de pareja, no porque estemos en otra crisis, sino porque así podremos probablemente prevenir alguna mientras fortalecemos nuestra relación.

«Carlos, pero si mi problema es que no tengo pareja». Gracias, me acabas de abrir la puerta a mi tercer punto. Veamos de que se trata.

Antes de comenzar con Mairim había salido de una relación que, aunque como todas rupturas trajo tristeza, me dio una de las oportunidades más grandes para mi próxima relación: me ayudó a identificar lo que no quería en una pareja. No creo en las casualidades, por lo que, al igual que he hecho con muchas áreas de mi vida, comencé por crear una visión de la persona con quien quería pasar el resto de mi vida. Antes de conocer a Mairim, tenía un listado de las cosas que me gustaría que tuviera esa persona. Quería, por ejemplo, que fuese alguien con quien pudiera reírme a carcajadas (mi esposa tiene una risa épica), pasarla bien sin necesidad de otras personas y que hiciéramos el amor con una química única. En adición a esto, lo más importante era convertirme en una persona que pudiera atraer a una mujer así. Así que, si aún no tienes pareja, primero debes tomar en cuenta que debes definir exactamente lo que quieres en alguien y también convertirte en una persona que atraiga a una persona así.

Por último, enamorarse es algo biológico, pero amar es una decisión. Dicho de otra forma: tú te enamoras de alguien en los comienzos de una relación, por un sinnúmero de cambios hormonales y fisiológicos que te suceden en ese proceso, pero recuerda que eres tú quien decides si también vas a amar a esa persona o no una vez la chispa haya disminuido.

Esto me lleva a uno de los elementos más subestimados en cuanto a una relación saludable feliz se refiere. En gran parte, para poder amar debes aceptar a la otra persona tal y como es. Si constantemente estás tratando de cambiar a alguien, nunca vas a poder amarlo como podrías. No se trata de tolerar comportamientos que no deseas, sino de permitirle a la persona ser quien es mientras crecen y evolucionan a través de los años. Con los años he aprendido que, si trato de cambiar a Mairim, estaría tratando de cambiar la fuente de amor más grande que hay en mi hogar. Mientras más acepto quien es, más sólida crece nuestra relación. Ella ha logrado aumentar su capacidad de amar aun cuando ahora tiene que compartirlo con dos personitas que no estaban ahí cuando empezó nuestra relación. Mairim da amor infinito diariamente y ese amor se multiplica. Ella de alguna manera reproduce su amor hacia mí y hacia nuestras crías. A sus actos diarios de entrega nunca podremos corresponder con igual reciprocidad, por más que tratemos. Mairim es mi evidencia de que mientras más amor entregas, más este crecerá.

TOMA ACCIÓN

Te invito a convertirte en la mejor pareja que puedas ser y a identificar exactamente qué tipo de relación quieres. No importa cuál sea tu estatus actual, siempre puede mejorar. Utiliza las que te apliquen según sea el caso.

- ¿Qué cualidades específicas deseas en una pareja?
- ¿Cómo sería una relación ideal para ti?
- ¿Cómo podrías convertirte en la mejor pareja posible?
- ¿Qué sacrificios harías por tu pareja? ¿Qué cosas no están en discusión?
- ¿Qué necesitas añadirle a tu relación? ¿Qué debes eliminar?
- ¿Estás constantemente tratando de cambiar a tu pareja? ¿Qué podrías mejorar tú en lugar de cambiarla?

RUTA GANADORA

Toda la vida he escuchado que la comunicación es la clave para una relación. Por mucho tiempo pensé que eso era algo muy pendejo como para ser de vital importancia. Hoy creo que no hay nada más cierto. Cuando los canales de comunicación se estropean, con ellos se va la posibilidad de tener una relación fuerte, divertida y duradera. De paso, algo que he aprendido con el tiempo es que el éxito de una relación no se mide por el tiempo que lleven juntos. Hay relaciones que llevan muchísimos años y son sombrías, vacías; así como también hay relaciones que terminan, pues cumplieron su propósito y evolucionaron.

Debemos entender que el fin de una relación no significa que la misma fracasó. En lo que a mí respecta, voy a trabajar siempre por mi relación, porque Mairim y yo nos amamos profundamente, pero si un día ella me llegase a dar la patada de la que te hablé al comienzo, jamás consideraría mi matrimonio un fracaso, ya que, sin él, Mairim y yo no hubiéramos procreado a las dos personas que más felicidad han traído a nuestras vidas. Sin Mairim eso no existiría y es algo que no cambiaría por nada en el mundo.

¿CÓMO LOS APOYAS?

Si tu amigo se encontrase en medio de un fuego, no le tirarías un salvavidas para ayudarlo; si se estuviese ahogando, no tratarías de rescatarlo con un extintor.

Desde que comencé mi travesía por estos andares del desarrollo personal he tenido muchas altas y bajas, tanto físicas, como emocionales. Ya en este momento entiendo que es algo perfectamente normal, pero algunos de los golpes más fuertes los he recibido por parte de algo que ni siquiera tiene brazos para lanzar puños: la indiferencia. Uno de los personajes de la historia que más admiro es el Dr. Martin Luther King, quien tiene una cita que describe perfectamente mi sentir: «Al final, no recordaremos las palabras de nuestros enemigos, sino el silencio de nuestros amigos».

Desde siempre me ha causado un pequeño grado de ansiedad la separación natural que ocurre cuando comienzan, o terminan, etapas que reducen la interacción regular con mis amistades. El terminar la escuela superior, cuando me gradué de universidad e incluso cuando, por razones de trabajo, me he separado de personas a quienes considero cercanas. Antes pensaba que cuando creaba una amistad con alguien, sería igual a través de toda mi vida. Soy de los que querían mudarse cerca de sus amistades, tener hijos al mismo tiempo y envejecer juntos. Con el pasar del tiempo he despertado a la cruda realidad de que la vida no funciona así.

Hay muy pocas personas que estarán en tu vida para siempre. Podrás contar con los dedos de una mano quiénes te acompañarán por la mayor parte del camino. También entendí que hay personas que, aun en la distancia, están mucho más cerca de tu situación que las que viven a tu lado. Si lo decides, la distancia física no tiene que significar el enfriamiento en una relación.

Cuando empecé a incrementar la intensidad en mi movimiento de Gana Tu Día, mis expectativas eran que toda persona que me conociera se iba a desbordar de felicidad por mí y me iba a apoyar sin importar cuán mediocre fuese mi ejecución en los comienzos. En fin, lo normal es apoyar a tus amigos siempre, es normal que alguien vaya mejorando sobre la marcha, ¿no? Cuán errado estaba. Fueron muchos más los silencios de gente que me quería (y sí, aún siento que me quieren mucho) de los que esperaba.

El ver personas ignorando e incluso alejándose de todo lo que tuviera que ver con mi misión me hizo cuestionarme muchas veces si era yo quien estaba haciendo algo mal. Pensaba: «¿Será que soy un cabrón o sin querer estoy faltándoles a nuestra amistad?». No, no era yo; no tenía ni tiene nada que ver conmigo. No era yo alejándome, era que simplemente esas personas no iban a mi paso ni íbamos en la misma dirección.

Durante este proceso de años, en el que me autoflagelé bastante por pensar que estaba perdiendo amistades, no me percaté de algunas premisas que me parecen muy importantes.

- Mientras personas salían de mi vida (por las razones que fueren), gente grandiosa estaba entrando. Todo mejoró cuando decidí nutrir esas nuevas relaciones.
- Me enfoqué en crear relaciones transformacionales. Si una relación es puramente transaccional (te doy algo a cambio de algo), entonces no vale la pena llamarla amistad (ojo, también pasa con algunas relaciones familiares). Las relaciones a las que les dedico tiempo son aquellas en las que crecemos juntos, ya sea a través de conocimiento, experiencias o memorias especiales llenas de felicidad.
- Por último, yo no puedo controlar lo que las otras personas hacen o piensan, solo lo que yo hago. Me enfoco diariamente en ser un gran amigo. Si a mis amigos le va bien, me pongo feliz por ellos y se los dejo saber; si alguien me necesita, yo estaré ahí para apoyarlo en lo que requiera realmente (no en lo que yo creo que necesita); si mis amigos se están ahogando, no les tiraré un extintor, me lanzaré al agua hasta que los dos estemos en tierra firme.

TOMA ACCIÓN

Te invito a evaluar el tipo de amigo que eres. Si eres una persona que genuinamente está ahí para sus personas cercanas.

- Cuando tus amistades te necesitan, ¿estás ahí para ellas?
- Si ayudas a alguien, ¿lo haces esperando algo a cambio o lo haces genuinamente porque esa persona te necesita?
- ¿Qué aportas a tus amistades? ¿Cómo las ayudas a crecer?
- ¿Qué nuevas relaciones están entrando a tu vida? ¿Estás nutriendo esas relaciones?
- ¿Cómo te aseguras de mantener contacto de calidad con las personas que son importantes en tu vida?

RUTA GANADORA

Dale Carnegie escribió uno de los libros más famosos de la historia: *Cómo ganar amigos e influenciar sobre las personas*. Uno de los aspectos más importantes de su libro es que usualmente estamos enfocados en lo que queremos contar de nosotros a las personas, en lugar de escuchar lo que las personas nos quieren contar. Es un rasgo intrínseco de la naturaleza humana el querer ser siempre la persona más importante en una conversación. Si quieres ser un buen amigo, practica el arte de escuchar. Nada te dará mayor reputación de ser un buen conversador que el prestar oído a lo que tus amistades te dicen.

¿BAJO QUÉ SOMBRA TE COBIJAS?

Hay una gran paradoja cuando se trata de conseguir éxito en la vida: nadie lo logra solo y todo el mundo lo logra por sí mismo.

Seguramente conoces el término *self-made* (hecho por sí mismo) que usualmente utilizan para describir a personas multimillonarias o extremadamente exitosas (en términos generales) que comenzaron desde cero. Desde mi punto de vista, nadie es *self-made* y al mismo tiempo todo el mundo lo es. Me explico: Nadie lo logra sin ayuda, sin haber estudiado al que vino antes, sin un modelo. ¿Ejemplos? Kobe miró a Jordan, Einstein estudió a Newton y Oprah tomó consejos de Maya Angelou. No obstante, desde otra perspectiva, cada una de esas personas comenzó desde cero, desde abajo, y tuvieron que joderse por sí mismas hasta obtener el éxito con el que definieron sus vidas.

Lo quieras admitir o no, muchas (si no todas) de las metas que tienes en tu vida han sido influenciadas por personas a las que admiras o de quienes quieres copiar algo. Ya sea tu familia directa, amistades o personas que viste a través de la televisión, libros o redes sociales. Yo puedo decirte que lo que hoy es Gana Tu Día fue inspirado por Mindvalley, organización que considero una de las mejores fuentes de autoeducación en el planeta. Vishen Lakhiani ha sido uno de mis mentores, he tratado y seguiré tratando de emular su movimiento. Mi *podcast* fue inspirado en los comienzos de *Impact theory*, el que considero el mejor *podcast* de desarrollo personal que existe y su creador, Tom Bilyeu, ha sido una de mis mayores fuentes de inspiración en los últimos años. En el futuro, mis libros tendrán gran influencia del estilo de Benjamin Hardy, quien estoy convencido que será la cara del desarrollo personal a mediados o finales de esta década y a quien considero como uno de los mejores escritores de la actualidad en este tema (pese a su corta carrera).

Todas estas personas son mis mentores y mi inspiración. Aunque no los conozco a todos en persona (y a los que he conocido, solo he conversado con ellos pocos minutos), mis resultados tendrán mucho que ver con lo que ellos hicieron antes que yo.

Existen otras áreas muy importantes de mi vida que han recibido la influencia directa de personas que admiro. Como, por ejemplo, ser padre. Lo he mencionado ya, pero definitivamente fui afortunado por el padre y la madre que tuve. También tuve un padrino y una madrina que fueron grandes modelos en mi vida. Cuando me enteré de que iba a ser padre, intencionalmente buscaba rodearme de padres a quienes admiraba, todos en diferentes etapas de su camino de paternidad, todos aportando diferentes enseñanzas a mi vida. El padre en el que me estoy convirtiendo está directamente influenciado por todos esos maestros de la vida.

Por otro lado, por más cursos de *Mindvalley* que haya tomado, por más *podcasts* de Tom Bilyeu que escuche, por más libros que lea del Dr. Hardy o por más conversaciones que tenga con padres a quienes admiro, nunca voy a lograr nada importante si no hago mi trabajo. También es importante recalcar que habrá personas que potencialmente se van a inspirar (o tal vez se han inspirado) y se seguirán inspirando en mi trabajo para subir su nivel y hacer crecer sus metas, en parte por esas personas continúo enfocado.

Te exhorto a que hagas tres cosas. Primero, identifica quién es tu modelo, bajo cuál sombra te vas a cobijar. Luego, entiende que hay personas que van a seguir tu camino (ya sea tu familia, amistades, hijos o personas que nunca conocerás). Por lo tanto, en lo que sea que hagas, haz lo mejor que puedas, pues siempre hay alguien a quien podrías cambiarle la vida para siempre con solo ver tu ejemplo. Por último, no te guardes tus secretos. Cuando empecé a aprender con hambre voraz, me dije: «No es justo quedarme con todo el conocimiento que estoy adquiriendo». Es por eso que hoy busco pasarle todo lo aprendido a cientos de miles de personas a través de mi *podcast*, mis cursos y este libro.

Resumiendo. Apóyate en personas que ya han trazado un camino similar al que quieres transitar y recuerda que mientras vas dejando tu propia huella, habrá otros que caminarán el sendero que vas trazando.

TOMA ACCIÓN

Te invito a elegir quién será tu mentor o mentora mientras que, al mismo tiempo, tratas tu vida como una posible mentoría para otras personas.

- ¿Qué persona o personas han logrado metas similares a las que quieres lograr?
- ¿Cómo puedes asegurarte de aprender activamente de esas personas? ¿Qué puedes hacer para tener interacción directa?
- ¿Qué tipo de adiestramiento tienen las personas a quiénes admiras?
- ¿Cómo se comportan las personas que admiras? ¿Qué comportamientos puedes emular?

RUTA GANADORA

Tal vez hoy parece imposible, pero por más grande que parezca esa persona a quien admiras, siempre hay formas de acercarte a ella. En mi caso, decidí asistir a un evento en donde estarían Vishen Lakhiani y Tom Bilyeu y tuve la oportunidad de interactuar con ambos. Créeme, esto cambió mi vida para siempre (las historias son bochornosas, pero en algún momento te las contaré). Mientras escribo esto, participo en un *mastermind* que me brindó la oportunidad de conocer al Dr. Benjamin Hardy de manera virtual y tomar *coaching* con él.

Busca la forma de acercarte a tus mentores, no importa lo lejos que parezcan estar. También debes asegurarte de tener mentores y mentoras de carne y hueso. Personas con las que puedas interactuar, intercambiar ideas y absorber conocimiento de primera mano.

8

IDENTIFICA EL VALOR

*Tus valores determinan
cómo tratas tu vida y cómo
tratas a las demás personas.
Cuánto te valoras, determina
si los elementos que elegiste
son congruentes con lo que
quieres para tu vida.*

Carlos Figueroa

CONSTRUYE
TU
RUTA

¿CUÁN RÁPIDO TE DAS POR VENCIDO?

El único secreto que necesitas para obtener éxito en cualquier cosa que desees conseguir es: no rendirte.

Grit es mi palabra favorita. Siento que no hay una traducción exacta que transmita todo el significado de esta palabra al español. En su libro *Grit*, Angela Duckworth la define como una mezcla entre pasión y perseverancia. *Grit* también es firmeza de carácter y aguante. Consiste en no apartarte de las cosas que verdaderamente importan.

Esto es algo que me toca la fibra. Siempre bromeo con el hecho de que tengo un «problema» psicológico que no me permite parar cuando se me mete una idea entre oreja y oreja. Lo que casi nunca digo es que estoy convencido de que esta forma de actuar es algo que está en mi ADN.

Mis padres se conocieron a principios de los años setenta y al poco tiempo, en diciembre de 1974, se casaron. Mi viejo ya había sido padre, pero mi mamá no tenía hijos y tenía la gran ilusión de convertirse en madre. En el momento en que se casaron mi papá ya tenía 34 años, lo cual lo ubicaba (al menos en aquella época) en una etapa más madura para procrear.

Temprano en su matrimonio, dada la edad de papi, se entablaron en la encomienda de agrandar la familia. Al principio intentaron procrear por métodos naturales, pero nada. Luego comenzaron a buscar diferentes tratamientos alternos sin obtener resultados. No fue hasta que siete años más tarde conocieron al doctor que lo cambiaría todo. Así fue como el 14 de octubre de 1982 nació este que está aquí, escribiéndote. Para ese momento mi papá había cumplido 41 años y mi mamá tenía 31. Tardaron cerca de ocho años en tenerme y durante ese tiempo nunca dejaron de intentarlo. Ocho años es muchísimo tiempo, el suficiente para decir «no más». Si hubiesen abandonado su sueño al sexto o séptimo año, yo no estaría aquí.

Es precisamente por eso que siento que esto es algo (el no rendirme, no abandonar, no dejar de intentar) que está en mi ADN. Si mis viejos no cedieron en todo ese tiempo, después de tantos retos para tratar de traerme al mundo, ¿cómo entonces yo no voy a tener el *grit* para seguir trabajando en un libro hasta completarlo? ¿Cómo no seguir creando herramientas para llegar a las cien mil personas?

Grit es la clave. *Grit* es todo. Si algo te importa, debes tener aguante, debes tener firmeza de carácter para lograrlo. Necesitas perseverancia en todo aquello que te apasiona. En conclusión, no podrás lograr ninguno de tus sueños más grandes sin tener *grit*.

TOMA ACCIÓN

Te invito a autoanalizar si abandonas demasiado rápido las cosas que realmente importan.

- ¿Cómo reaccionas cuando las cosas no salen exactamente de la forma en que quieres?
- ¿Cuánto tiempo te das para que se cumplan tus metas sin dejarlas a un lado?
- ¿Te has apartado de cosas que eran realmente importantes para ti? ¿Has renunciado a alguno de tus sueños?
- ¿Qué haces diariamente para fortalecer tu músculo de *grit*?

RUTA GANADORA

En su libro, Angela Duckworth habla de que, aun cuando existen tipos de personas más propensas a tener *grit*, este es como un músculo que puede ser desarrollado. Para mí hay dos cosas que debes hacer diariamente para desarrollar este músculo: hacer cosas difíciles (hacer ejercicio, meditar, por ejemplo) y no apartarte de las cosas que parecen más simples o sencillas (pon cada cosa en su lugar, ten paciencia cuando estés en situaciones cotidianas, evita tocar bocina en el tapón).

Ya te conté sobre mis duchas de agua fría, una de las razones para hacerlo es desarrollar mi *grit*. Hacer la cama, lo creas o no, es otra de las cosas que hago para fortalecerlo potenciarlo. Evalúa si en las cosas más simples te estás quitando antes de dar el todo. Recuerda que la manera en que haces algo, haces todo.

¿Y SI NADIE ESTUVIERA MIRANDO?

Mucha gente se comporta a la altura de la situación, hasta que la persona que tiene al frente le da la espalda.

No logro entender por qué somos así (me incluyo). Te guste o no, esta es la realidad: todos tenemos diferentes máscaras y de acuerdo a la situación decidimos cuál ponernos. El problema está con la que usamos cuando estamos a solas. A veces guardamos la que tiene el más alto estándar solo para cuando están otras personas, pero cuando estamos a solas ¿qué? ¿Por qué decidimos dar lo mejor de nosotros solo si hay alguien observando?

Ahora voy a contarte lo que para mí es la historia más poderosa relacionada con esto. Presta atención.

A finales de la década de los cincuenta y comienzos de los sesenta estaba en su apogeo el movimiento de derechos civiles en Estados Unidos. Muchos, como yo, pensábamos que los grandes líderes de la época, como el Dr. Martin Luther King, y las grandes injusticias por sí solas fueron suficientes para que ese movimiento creciera de la forma en que escaló, pero había un ingrediente muy poderoso que añadirle. En los años ochenta Doug McAdam, sociólogo de la Universidad de Arizona, realizó un estudio que sacó a relucir cuál era ese ingrediente. Se trata de la presión social.

Sí, así como lo has leído. La presión social es un ingrediente tan poderoso que los individuos están dispuestos a poner sus vidas y sus circunstancias en riesgo por el mero hecho de no quedar mal ante los ojos de sus pares. Entonces, ¿por qué no utilizamos esto a nuestro favor? ¿Por qué no utilizamos esta estrategia para mejorar nuestro comportamiento cuando nadie está mirando?

Que quede claro, nuestra integridad no debería depender de lo que otras personas piensen, hagan o digan. Debe ser algo intrínseco que haces porque así lo decides. De igual forma, creo que hay una gran ventaja si utilizamos esto en algunas ocasiones. Así que es simple: si quieres tener más integridad en tu vida, debes preguntarte si harías eso que planeas, sin importar quien estuviese mirando.

TOMA ACCIÓN

Te invito a que evalúes la integridad de tus palabras versus tus acciones. Toma acción, tanto con los comportamientos que debes eliminar, como con los que debes añadir.

- De todas las cosas que haces diariamente, ¿cuáles no harías si alguien estuviera mirando?
- ¿Qué cosas comenzarías a hacer más a menudo si tuvieras a alguien que te observa?

RUTA GANADORA

En el libro *Piense y hágase rico*, Napoleon Hill incorpora un concepto que me parece muy útil para poner en práctica a diario, hasta que pueda penetrar tu subconsciente. Hill habla sobre la idea de tener un consejo imaginario de personas a quienes admiremos. En su caso este consejo estaba compuesto, entre otros, por Andrew Carnegie, Henry Ford y Thomas Alva Edison. Cada noche, justo antes de dormir, él tenía una reunión imaginaria en la que estas personas lo aconsejaban.

Te confieso que cuando leí el libro, lo implementé de inmediato. En mi consejo han estado diferentes personas a través de los años, pero entre las más constantes se encuentran Tom Bilyeu, Vishen Lakhiani, Jim Kwik y Tony Robbins. Créeme, cuando diariamente tu día es evaluado por personas que admiras y que tendrían el gran poder de aconsejarte, comienzas a tener mucha más integridad. Inténtalo.

¿QUIÉN TE OBLIGA A TOLERARLO?

En la vida siempre vas a obtener lo que toleras,
está en ti decidir lo que quieres tolerar.

No tienes que admitirlo ahora, pero serás libre el día en que lo hagas. Todo lo que tienes en tu vida es exactamente lo que has tolerado. Tienes el trabajo que toleras; si no lo toleraras, no pasarías cuarenta horas o más a la semana en él o, al menos, estarías buscando una forma de salir de ahí. Tienes el físico que toleras; si no lo toleraras, tratarías tu cuerpo con más prudencia, cuidarías lo que comes y tu actividad física. Tienes el nivel financiero que toleras; si no lo toleraras, le darías un mayor peso a tus ahorros, inversiones o métodos para multiplicar tus ingresos.

La pregunta clave es: si no te gusta, ¿por qué lo toleras? Una de las áreas en las que aplico esto con vehemencia es en las relaciones. Por mucho tiempo toleré relaciones o personas que no aportaban nada a mi vida. Toleré el hecho de regalarles mi tiempo a seres que no lo merecían. Hice esto hasta que aprendí que pasar tiempo con personas que no apoyan mis sueños o no me ayudan a convertirme en la persona que quiero ser (ya sea a través de sus acciones o de mis aportaciones a su vida) era simplemente faltarme el respeto.

En el capítulo cinco hablé sobre el hábito de rodearte de personas que suban tu nivel. En ese momento no quise mencionarte la acción de eliminar a personas de tu vida, porque la realidad es que en ese tema es mucho más fácil añadir que eliminar, pero creo que ya debes tener la preparación necesaria para entender algo que, desde mi punto de vista, Darren Hardy explica a la perfección en su libro *El efecto compuesto*: no pases tres días con alguien de tres horas, ni tres horas con alguien de tres minutos.

Tienes que poner límites a las personas que no aportan a tu vida o de lo contrario te seguirás faltando el respeto. Este paso puede ser difícil al principio, pero créeme, una vez que le coges el gustito, sacar personas de tu vida será mucho más fácil de lo que imaginas. Muchas de las relaciones que tienes en tu vida son temporales, no durarán para siempre.

Posiblemente me dirás: «Carlos, pero es que algunas de esas personas son mi familia y no puedo cortar la relación por completo». Este es el momento en el que, si estuviese frente a ti, te pondría una mirada de: «¡Otra vez!, ¿en serio?». Los vínculos familiares no son escogidos, nacemos con ellos. Las relaciones son una decisión. Si crees que, porque alguien lleve tu apellido o el de tu pareja tienes que pasar tiempo con esa persona, esa es tu decisión; lamentablemente no podré ayudarte.

Cuando entiendas que tú tienes el control de cuánto tiempo pasas o de cuándo pasas tiempo con esas personas, entonces podrás leer aquí abajo lo que sugiero que hagas. Como dije al comienzo, tú decides lo que quieres tolerar en tu vida. En mi experiencia personal he tratado de inculcar el hambre de crecimiento y optimismo en personas que llevan mi sangre y no necesariamente he sido exitoso. La mejor forma de ayudar a personas así es con tu ejemplo. Entonces eso hago. Esto no significa que no estaré ahí si me necesitan, significa que no haré un esfuerzo enorme por invertir mi tiempo con esas personas. Esa inversión la hago con personas con las cuales puedo crecer.

TOMA ACCIÓN

Te invito a evaluar cuáles personas no debes tolerar en tu vida y a quiénes debes comenzar a poner límites, en cuanto al tiempo que pasan contigo.

- ¿Estás constantemente pasando tiempo con personas con quienes realmente no te sientes a gusto? Enumera esas personas.
- ¿Puedes eliminar la relación por completo? ¿Cuáles serían las consecuencias?
- Si no puedes eliminar la relación por completo, ¿cómo puedes limitar el tiempo que pasas con esa persona?

RUTA GANADORA

En su libro *El principio del 80/20: el secreto de lograr más con menos*, Richard Koch expone la teoría de la aldea africana. En esencia, esta teoría propone que la cantidad de relaciones profundas e importantes que vamos a crear a lo largo de nuestras vidas es limitada. Utiliza esto a tu favor de tres maneras:

1. Entiende que no tienes que tener una cantidad enorme de relaciones.
2. Elimina las que no son verdaderamente importantes.
3. Invierte constantemente en aquellas relaciones que son de verdad significativas para ti.

¿POR QUÉ TEMES ERRAR?

El fracaso solo es negativo si lo consideras tu destino final. Te vas a equivocar muchas veces, de lo contrario, nunca vas a triunfar.

En mi país se le llama «meter la pata» a ese momento en el que hiciste algo de lo que te arrepientes, dijiste algo de lo que desearías retractarte o, incluso, cuando hiciste algo que no tiene los resultados que esperabas. No se puede negar que muchas veces esas metidas de pata podrían tener consecuencias fatales, pero tampoco podemos negar que sin metidas de pata no hay crecimiento.

Desde pequeños, meter la pata es una de nuestras mayores fuentes de aprendizaje. Esto es algo que como padre de dos hermosas criaturitas experimento todos los días. Mi hijo Carlos Ignacio, de menos de dos años al momento de escribir esto, insiste en tomar agua por sí solo en los vasos que papá utiliza. He visto cómo se ha tirado toda el agua fría encima, he observado (con dolor en mi corazón) cómo se resbala y cae al pisar descalzo el charco de agua que cayó al suelo cuando intentaba tomar del vaso de papá. También he sentido el calentón de sangre bombeando mi corazón (de persona un poco obsesiva con el orden) cuando, día tras día, deja caer un vaso lleno de agua al piso.

Una y otra vez Carlos Ignacio sigue metiendo la pata, pero esto no ha impedido que su espíritu de ser independiente (aun siendo el pequeño de nuestro hogar) lo limite a seguir intentando perfeccionar su método para beber de un vaso cuya circunferencia es, básicamente, del tamaño de su cara. Me siento feliz de que siga intentándolo y escribir esta historia me recuerda que tú y yo seríamos mucho mejor en nuestras vidas si mantuviéramos la actitud de Carlos. Como padre, quiero ser bien cuidadoso y no quiero evitar que Carlos cometa errores. De otra manera, dañaría su creatividad y cultivaría el miedo a intentarlo, el miedo a fracasar. Es algo a lo que no quiero abonar.

Si no fracasas, si no la embarras, si no metes la pata, no vas a poder subir tu nivel. Y lo sé, tienes miedo. Yo también. Precisamente porque nos criaron diciéndonos: «No hagas eso» o «no hagas lo otro», pero no eres tu pasado y, así como Carlos Ignacio, puedes recuperar tu autonomía. De hecho, te invito a coleccionar noes. Mientras más veces fracases al tratar de lograr algo, mayor será tu fortaleza mental.

Si no fracasas, puede ser que creas que lo sabes todo. No obstante, y esto es bueno, tú no crees que lo sabes todo. De ser así, no estarías leyendo este libro.

TOMA ACCIÓN

Te invito a meter la pata más a menudo, a buscar la forma de cometer errores y fracasar diariamente para que, de esta manera, construyas la fortaleza mental necesaria y alcances victorias más grandes aún.

- ¿En cuáles áreas de tu vida debes fracasar más?
- ¿Qué estás dejando de hacer por miedo a fracasar?
- ¿Qué puedes hacer para coleccionar más noes diariamente?

RUTA GANADORA

La Doctora Carol Dweck, en su libro *Mindset*, define la diferencia entre alguien con mentalidad fija y mentalidad de crecimiento. Alguien con mentalidad fija entiende que no puede aprender o cambiar, mientras que alguien con mentalidad de crecimiento está en constante desarrollo y aprendizaje. Una de las sugerencias que hace es que pienses cómo podrías empujarte a mantenerte optimista mientras enfrentas obstáculos. Recuerda, ese fracaso es solo una parada, no tu destino final.

9

AFINA TUS SENTIDOS

Una de las decisiones más importantes que tomarás todos los días es la manera en que te quieres sentir.

CARLOS FIGUEROA

CONSTRUYE
TU
RUTA

¿TU FUTURO SE VE MEJOR O PEOR?

Tienes la capacidad de decidir si tu futuro será mejor que tu pasado y tu presente. Si piensas que será peor, esa también es una decisión.

Seguramente has escuchado las siguientes frases una y otra vez (y si eres como yo, te harta escucharlas): «La cosa está mala», «el mundo cada vez está peor», «la juventud no tiene futuro», «la criminalidad está rampante», «la economía sigue colapsando». No quiero entrar en el llamado positivismo tóxico, pues creo fielmente en que existen momentos en los que necesitamos poner los pies en la tierra (y atender los problemas) y que igualmente está bien sentirse mal de vez en cuando. Eso es precisamente lo que nos da perspectiva y contraste para saber cuándo nos estamos sintiendo bien, pero me rehúso totalmente a caer en el virus del pesimismo.

Si bien es cierto que tu pasado no determina tu futuro, también es cierto que puedes buscar evidencias de que las cosas han ido mejorando. De hecho, puedes crear tu propia evidencia. Mientras escribo estas palabras estoy a menos de dos semanas de cumplir cuarenta años, así que primero quiero demostrarte cómo es que la vida ha ido mejorando desde el día en que nací. Aquí algunas estadísticas desde el 14 de octubre de 1982 hasta este momento:

- La cantidad de humanos viviendo en pobreza extrema ha sido reducida en un 79 %.
- El porcentaje de alfabetismo ha pasado de 79 % a 87 %.
- La expectativa de vida aumentó 11 años (duramos mucho más).
- 23 % más de personas tienen acceso a electricidad.
- 9 % de las personas que nacieron el mismo año que yo no están en el plano terrenal ya (y yo sigo aquí).

Estas son estadísticas reales que puedes validar si así lo deseas. Para mí son noticias maravillosas.

Aun si estas estadísticas no existieran, yo he creado la suficiente data para seguir pensando que mi vida seguirá mejorando. Esta es la parte en la que te diré cómo crear tus estadísticas. Lo creas o no, has conseguido muchas más victorias en tu vida de las que puedes traer a tu mente ahora mismo. Las personas que han tomado mis cursos saben que tengo algo que llamo la libretita fea (solo por su apariencia) y viene a ser uno de mis tesoros más preciados. Es en esa libreta donde por más de seis años he ido acumulando victorias. Todos los domingos evalúo cuáles fueron mis mayores victorias durante la semana. En los momentos en los que creo que mi vida no está mejorando, solo tengo que ir a mi libretita fea y echar un ojo a todo lo que he logrado.

La primera vez que hice este ejercicio, comencé a buscar victorias incluso desde antes de nacer, pues una de mis victorias más grandes (ya la sabes) es superar el hecho de que mis padres tardaron mucho tiempo en tenerme. Y tú, por ejemplo, eres uno de los cien millones de espermatozoides que lucharon por fecundar el óvulo de tu mamá, así que tu vida comenzó con una enorme victoria también.

TOMA ACCIÓN

Te invito a comenzar una acumulación de victorias para que te puedas demostrar (a ti mismo) que tu vida siempre ha ido mejorando.

- ¿Cuáles fueron los logros más grandes de tu infancia y adolescencia?
- ¿Recuerdas tus mayores victorias durante los últimos cinco años?
- ¿Cuáles han sido tus mayores victorias de este año?
- ¿Cuáles han sido tus mayores victorias de esta semana?
- ¿Cuáles han sido tus mayores victorias de ayer?

RUTA GANADORA

Utiliza la estrategia que yo mismo utilicé aquí para demostrarte todo lo bueno que ha pasado desde que estás vivo. Cuando pienses que las cosas van mal, busca evidencia de cómo las estadísticas dicen que tu vida (y el mundo en que vives) ha ido mejorando. Cuando sientes agradecimiento por esto, se convierte en evidencia suficiente para saber que tu futuro también puede mejorar.

¿TE CREES MÁS INTELIGENTE QUE LOS DEMÁS?

No hay peor error que sentir que lo sabes todo o que no tienes nada que aprender. Cada persona, cada situación que se te presenta es una maravillosa oportunidad de crecer. Quien menos esperas puede enseñarte algo.

Durante gran parte de mi vida me hice la idea de que mi cociente intelectual (CI) era una de mis mayores fortalezas. Resulta que en algún momento de mi vida escuché a mi madre decir que yo había obtenido un puntaje por encima del promedio en una prueba de CI y eso, al parecer, me marcó para siempre. Desde que comencé a creerme que tenía una inteligencia que la mayoría de las personas no poseía, cada vez que alguien trataba de discutir conmigo sobre algún tema, trataba de cimentar mi punto de vista recurriendo a que yo poseía un CI de 125 para defender mi punto (una persona con un CI por encima de 120 se considera brillante). Con esto sentía que desarmaba a mi oponente. Como te mencioné anteriormente, hay elementos de suerte en la vida, uno de los míos es que mi mamá no supiera el impacto que sus palabras tendrían en mí, y con esto simplemente sentía que desarmaba a la persona por completo. Solo el hecho de que yo fuese más inteligente me daba la ventaja y eventual victoria.

No te lo niego. Pensar así me ayudó mucho con mi autoestima a través del tiempo. Tenía la certeza de que era intelectualmente superior y eso me daba confianza. De hecho, poco a poco iba aumentando el número que utilizaba para mis resultados de CI. Llegué a decir que era de 140 o 145 (una persona con un promedio por encima de 130 se considera superdotada). Para que me entiendas, Einstein tenía 160 y, créeme, yo de genio no tengo nada.

Con el tiempo, mi autoestima se fue convirtiendo en egocentrismo. La misma herramienta que había utilizado para desarrollar la identidad de alguien inteligente me estaba convirtiendo en una persona soberbia, con poca tolerancia. En fin, mi CI se convirtió en el mayor enemigo de mi progreso en la vida.

El detalle es que, aun cuando era supuestamente más inteligente, había personas que obtenían mejores resultados profesionales que yo. Obviamente, esas personas trataban a los demás mucho mejor que yo, lo que las llevaba a conseguir cosas que mi CI por sí solo jamás iba a lograr. No fue hasta que me devoré el libro *La inteligencia emocional*, de Daniel Goldman, que pude entender la razón: fuera de un laboratorio, la inteligencia emocional siempre va a ser más importante que tu cociente intelectual.

De hecho, con el paso de los años aprendí que sentirte inferior a otras personas en algunos aspectos puede ser beneficioso. Cuando sientes que las personas tienen algo que enseñarte, las escuchas más, las tratas con mayor respeto y eres mejor recibido. No importa cuánto hayas aprendido de algún tema, no permitas que tu conocimiento se convierta en soberbia. Si algo puedo asegurar ahora es que la inteligencia (tanto mental como emocional) son verbos, no sustantivos. Si no pones acción diaria en mejorar ambas, no te sirven de mucho.

TOMA ACCIÓN

Te invito a evaluar si sientes que eres superior a todas las personas que te rodean, si estás viviendo desde un grado de soberbia o de empatía.

- Siempre que expones un punto, ¿piensas que tienes la razón?
- En un debate, ¿oyes o escuchas? Ojo, no es lo mismo.
- ¿Tratas a las personas como si fuesen inferiores a ti?
- ¿Cómo ves a las personas que piensan diferente?

RUTA GANADORA

Los humanos que habitan en nuestra era evolucionaron de la misma especie de primates. Todas esas personas que piensas que son inferiores a ti en realidad no son tan diferentes como crees. Vive la vida confiando en tus capacidades, pero escuchando como si no supieras nada.

¿PREFIERES SANAR O RETRASAR TU MENTE?

Muchas de las cargas que llevas en tu vida pesarían mucho menos si las soltaras.

Nelson Mandela estuvo preso durante veintisiete años por defender sus ideas ante el *apartheid* —una política de segregación racial establecida por la minoría blanca en Sudáfrica—. Desde su juventud hasta su temprana adultez, Mandela fue un líder acérrimo en contra del Partido Nacional, que controlaba el Gobierno e imponía la segregación, lo que resultó en su enjuiciamiento y posterior encarcelación. Durante esa etapa de su vida, vivió bajo condiciones infrahumanas, en celdas muy pequeñas y bajo un constante maltrato, tanto mental, como físico por parte de sus carcelarios.

Mandela vivió casi una tercera parte de su vida encerrado por injusticias políticas. Estaba dispuesto a morir por su propósito. Aun al atravesar todas esas vicisitudes, luego de ser liberado y convertido en presidente, Madiba (como se le conocía por respeto) nunca tomó represalias contra las personas que lo abatieron física y mentalmente. Su presidencia se caracterizó por la unión entre blancos y negros. En su mensaje de aceptación dijo: «Ha llegado el momento de sanar las heridas. Ha llegado el momento de colocar puentes en los abismos que nos dividen». Madiba no solo es un héroe para su país, también se convirtió en un símbolo mundial de unión y fue merecedor del premio Nobel de la Paz.

Tras leer esto, ¿podrías decirme que no puedes perdonar al amigo tuyo que no te hizo un favor?, ¿nunca le vas a dirigir la palabra a tu prima porque te dijo algo que no te gustó?, ¿vas a tener una relación tóxica con tu suegra porque tuvieron una diferencia de criterios? Si Nelson Mandela logró perdonar a las personas que le arrebataron un tercio de su vida injustamente, ¿por qué se te hace difícil perdonar a quienes te han hecho cosas mucho más insignificantes?

No, no estoy diciendo que sea algo fácil. Hay cosas que son extremadamente difíciles de perdonar, pero queda demostrado que no importa cuán grande sea la ofensa, el perdón es la verdadera libertad. El perdón es lo que nos otorga paz. Mandela estuvo preso por mucho tiempo, pero su mente y su espíritu siempre fueron libres durante esos largos años.

¿Quieres más pruebas? En su libro *El código de las mentes extraordinarias*, Vishen Lakhiani habla una y otra vez sobre la importancia del perdón. Expone que hay estudios que demuestran que el perdón te hace más fuerte. Algunas de las conclusiones se hicieron en un estudio que observó a estudiantes que brincaron más alto luego de escribir una carta a alguien que les hubiese hecho algún daño. De hecho, Vishen cuenta su propia experiencia al perdonar a un empleado que le robó mucho dinero sin que se diera cuenta.

Existe evidencia científica de cómo el perdón aumenta las ondas alfa en tu cerebro. Las ondas alfa son las responsables de aumentar, tanto la relajación mental, como la creatividad y la habilidad para resolver problemas. La mayor clave para aumentar estas ondas es solo una: perdonar. Para mí, sentir paz y poder tener un cerebro mucho más eficiente es suficiente motivación para que el perdón sea parte de mi vida diariamente. Por más difícil que parezca perdonar, puedes mejorar si lo practicas todos los días.

TOMA ACCIÓN

Te invito a aumentar el poder del perdón en tu vida.

- ¿Qué cosas tienes que perdonarte por las que llevas mucho tiempo flagelándote?
- ¿A cuáles personas necesitas perdonar?
- ¿Qué es aquello que se te hace difícil perdonar?
- ¿Estás dispuesto a buscar ayuda para sanar?

RUTA GANADORA

Para perdonar a alguien no tienes que interactuar con esa persona: el perdón te libera. Una de mis formas favoritas de sacar situaciones de mi sistema es escribir cartas a las personas que siento que me han hecho algún tipo de daño o que han logrado que me moleste. Escribo cada carta con mucho detenimiento, como si fuera a entregársela a esa persona. Luego la leo y la quemo. Así de simple.

El hecho de escribir hace que saques esa emoción o pensamiento de tu mente y quemar la carta tiene el simbolismo de transformar ese hecho en cenizas. Te confieso que hay personas a quienes les he escrito varias cartas (como dije, hay cosas que son más difíciles de perdonar que otras), pero el ejercicio de perdonar se ha convertido en parte de mi día a día. Los resultados de mi enfoque y creatividad han sido evidentes.

¿QUÉ TAL SI DEJAS DE PERSEGUIRLA?

Si vamos por la vida persiguiendo la felicidad, confirmamos que es algo que no podemos tener aquí, hoy.

Este podría ser uno de los espacios más controversiales de mi libro. No le voy a dar muchas vueltas: yo no persigo la felicidad. Mi prioridad en la vida no es ser feliz. Ya. Lo dije. Ahí está. Mi prioridad es el sentir plenitud, sentirme realizado. Sentir que hice lo mejor posible todos los días. Está bien, no tenemos que estar de acuerdo, pero déjame explicarte.

Si todo el tiempo estuviera feliz, ¿cómo notaría la diferencia entre la felicidad y la tristeza? ¿Cómo establecería la diferencia entre estar feliz y estar enojado? Te contesto: no podría. Todas las emociones tienen un propósito en nuestra vida. Proveen contraste, matices y diferentes alertas para que tomemos acciones distintas. Sí, lo sé, es mucho más fácil y cómodo estar feliz todo el tiempo, pero creo que también debe ser mucho más aburrido.

Mientras escribo este libro he tenido momentos felices y otros tantos que no lo han sido, pero para mí eso es perfecto. Desde que tracé la primera línea y diseñé la estructura de lo que estás leyendo hasta hoy, siempre me he sentido realizado, porque cada letra que plasmo sobre el papel digital es la que creo mejor en ese momento. Es mi mayor esfuerzo.

No estoy esperando que este libro sea exitoso o no para ser feliz, estoy satisfecho con lo que estoy haciendo. Disfruto el proceso con sus altas y bajas. Con momentos que me encojonan y momentos en los que no puedo parar de sonreír, porque siento que tengo algo grande en mis manos. No sé cuál será el resultado final, no estoy seguro de si me hará feliz o no, pero te digo algo: nada ni nadie puede remover el sentimiento de realización que tendré en el instante en que este libro comience a ser distribuido.

No creo en perseguir la felicidad. Perseguirla significa que no está aquí, que falta algo, que no somos plenos. Persigo la plenitud diaria, persigo progresar y hacer lo mejor posible. Ninguna de esas cosas depende de que esté disfrutando lo que hago en todo momento. Hace poco escuché en una charla a Rory Vaden, *coach* de marca de personas como Lewis Howes y Ed Mylett, contar una anécdota de cuando era pequeño y que resume esto magistralmente.

Su mamá lo llevaba a clases de artes marciales cuando era un niño y Rory constantemente se quejaba. Le decía: «Mamá, pero es que no me gustan las artes marciales». A lo que su mamá ripostaba: «¡Qué bueno! Que te guste no es parte del trato». Ahí está la clave. Muchas veces para alcanzar nuestros sueños más grandes tendremos que hacer cosas que no nos gustan. Que nos guste no es parte del trato. No nos harán feliz en el momento, pero nos dará plenitud y satisfacción a largo plazo. Estoy escribiendo esto casi a las dos de la madrugada. Estoy cansado, estoy ansioso, porque tengo mucho trabajo en los próximos días. Felicidad no es algo que utilizaría para describir este momento. Mañana, cuando mis hijos me levanten a las seis y media, tampoco estaré feliz, estaré cansado, pero hoy estoy pleno, mañana estaré satisfecho.

No tenemos que estar de acuerdo. Puedes seguir persiguiendo la felicidad total, pero, por definición, nunca la alcanzarás. Solo sentirás breves momentos de alegría y un vacío repentino cuando vuelva a desvanecerse. La felicidad está aquí, se llama plenitud.

TOMA ACCIÓN

Te invito a evaluar si perseguir la felicidad constante es algo que te cohíbe de dar el máximo y sentir plenitud diaria.

- ¿Eres una persona que pretende estar feliz en todo momento?
- ¿Has logrado estar siempre feliz?
- ¿Por buscar ser feliz la mayor parte del tiempo, te has cohibido de retarte o tratar cosas que son incómodas o difíciles?
- ¿Qué sería sentir plenitud diariamente para ti?

RUTA GANADORA

Es simple: no importa lo que hagas ni cuándo lo hagas, pero siempre da lo mejor que puedas. Siente la satisfacción de que hiciste tu mejor trabajo en tales circunstancias. Haz las paces con el hecho de que tu vida se verá matizada por momentos que no son felices. Son esos momentos los que después nos ayudan a agrandar la perspectiva de los momentos más felices de nuestra vida.

NO SE TE OLVIDE QUE...

En esta última etapa estábamos descifrando cómo quieres sentirte cada uno de tus días.

- Analizamos el impacto que tienes en la vida de otras personas.
- Exploramos cómo quieres sentirte diariamente y cuáles son las cosas que realmente importan en tu vida.
- Hablamos sobre las cosas que pueden acelerar tu progreso diario.

Llegó la hora de darle significado a la vida.

10

SIN ESTO LA VIDA NO TIENE SENTIDO

Tu vida se convertirá en un hermoso viaje el día que comprendas que todo el equipaje que necesitas está dentro de tu corazón.

Carlos Figueroa

CONSTRUYE
TU
RUTA

¿QUÉ ESTÁS COLECCIONANDO?

Tendríamos vidas plenas si en lugar de coleccionar objetos coleccionáramos memorias.

Probablemente te ha pasado que has ido de viaje a un lugar por primera vez y has caído en la trampa de querer comprar *souvenirs* de todo lo que ves. Quieres llevarte una figurita, un adornito, una camiseta, un banderín, un dulce típico. En fin, todo lo que quepa en la maleta.

Cuando me casé con mi esposa descubrí que teníamos algo en común, además de todas esas cosas chulas que nos han unido por más de ocho años ya: a ambos nos gustaba coleccionar *shot glasses* (o chupitos) de los lugares que visitábamos. Al unir nuestras colecciones sumamos más de doscientos de estos emblemáticos recuerdos. Todo para tenerlos en un área de la casa donde casi no se pueden apreciar, acumulan polvo y ocupan espacio. Cada vez que viene visita abro la puerta de la barra donde están para que durante el espacio de quince segundos puedan apreciar nuestra magnífica colección. Un día me detuve a analizar cuánto tiempo habríamos gastado en comprar esos vasitos. El ingeniero que vive dentro de mí hizo algunos cálculos. Te los muestro:

- Si tomamos en consideración el tiempo que nos toma escoger el *souvenir*, hacer fila en la caja registradora para pagarlo y tener finalmente el objeto en tu posesión, son aproximadamente veinte minutos.

- En nuestro caso, tenemos doscientos veinticinco vasitos. Así que cuando lo multiplicas por la cantidad de tiempo invertido (veinte minutos) da un total de cuatro mil quinientos minutos gastados.
- Cuando divides eso para calcular la cantidad de horas invertidas, tenemos un total de setenta y cinco horas.
- En resumen, hemos invertido tres días de nuestros viajes solamente en comprar esos vasitos.

¡Tres días! ¿Sabes todo lo que se puede hacer en tres días? Hay personas que todo lo que pueden viajar al año son tres días. ¿Entiendes el impacto? Eso sin tomar en consideración todas las otras cosas que hemos comprado. No nos percatamos de que coleccionar memorias es lo verdaderamente importante. Vivir ese momento como si fuera el único, porque lo es.

Antes me preguntaba si estar constantemente enfocado en una visión del futuro me afectaba a la hora de sumergirme en el momento presente. La mejor analogía que he visto para comprobar que eso no es cierto me la dio Benjamin Hardy en su libro *Be your future self now* (*Sé tu futuro yo ahora*). En este libro el doctor Hardy explica cómo un día que regresaba a su casa se preguntó: «¿Cómo puedo ser mejor padre y esposo utilizando a mi futuro yo?». Entonces, se transportó veinte años en el futuro y entendió que para ese momento sus niños serían adultos, ya no estarían en la casa y él añoraría estar de nuevo con ellos, así que utilizó su futuro para estar más presente que nunca en sus vidas.

Este es uno de los paradigmas que ha cambiado mi perspectiva como padre. Constantemente pienso en mi futuro yo dentro de veinte años para recordar que no podré oler la fragancia exquisita que sale del cuellito de Carlos Ignacio a sus dos años, así que me lo como a besos en la cama todas las noches. Pienso que probablemente no podré cargar tan fácilmente a mi flaca, Catalina Isabel, cuando tenga más edad, así que debo decirle que sí cada vez que me pide cargarla a caballito. No he guardado ningún *souvenir* de mis hijos, pero tengo una colección de memorias que vivirán conmigo por mucho tiempo. Debemos deshacernos de más objetos que solo ocupan espacio, acumulan polvo y nos roban tiempo. En su lugar, debemos coleccionar muchas más memorias.

TOMA ACCIÓN

Te invito a deshacerte de más cosas y a guardar lo que verdaderamente importa: los recuerdos de tu vida.

- ¿Tienes alguna colección de objetos a la que le estás dando más valor del que tiene? ¿Cómo se vería afectada tu vida si te deshicieras de eso?
- ¿Hay algún objeto o prenda que tengas en exceso? ¿Crees que puedes reducir su cantidad sin alterar negativamente el rumbo de tu vida?
- ¿Qué puedes hacer para convertirte en una persona que colecciona más memorias en lugar de objetos?

RUTA GANADORA

En el capítulo anterior te hablé de mi libreta de acumular victorias. En esa libreta también acumulo grandes memorias, como la primera vez que hablé en público como orador de desarrollo personal, la primera vez que mi hijo dijo «papá» o algún otro hito de pareja (o familiar), como la vez que decidimos mudarnos por un mes completo frente a la playa. En fin, colecciona tus memorias en un lugar donde las puedas revivir una y otra vez.

¿PARA QUÉ ESTÁS AQUÍ?

No es una casualidad que existas. Debe haber una razón, pero nadie puede encontrarla por ti.

Lo hemos escuchado una y otra vez: para vivir una vida plena debes tener un propósito. Se escucha muy simple, pero encontrar nuestro propósito en la vida, al menos en mi experiencia, no es un acto sencillo. Para poder crear contexto decidí buscar la definición de propósito. Aquí te dejo algunas de las fuentes y acepciones que encontré.

Oxford:

Determinación firme de hacer algo.
Objetivo que se pretende alcanzar.

Real Academia Española:

1. Ánimo o intención de hacer o de no hacer algo.
2. Objeto, mira, cosa que se pretende conseguir.
3. Asunto, materia de que se trata.

Viendo esto llegué a varias conclusiones. La primera es que en todas las definiciones nos hablan de buscar o hacer algo, pero ninguna nos dice qué debemos hacer o buscar. Esto me parece un punto importante, ya que no hay dos personas en el mundo que tengan propósitos idénticos. Tampoco nos indican cómo debemos alcanzar nuestro propósito. Cosa que me parece totalmente válida, pues el hecho de que cada persona tenga un propósito distinto, implica que tendrán que utilizar métodos distintos para obtenerlo. Por último, no nos indica cuándo debemos buscar, encontrar o alcanzar el propósito. Creo que es crucial que entendamos esto porque cada uno de nosotros tendrá cronologías distintas. Esto también confirma que si sientes que aún no has encontrado tu propósito, estás a tiempo.

En resumen, eres tú quien determina qué es aquello que vas a perseguir, cómo lo vas a hacer y cuándo llegarás ahí. En mi opinión, el propósito en tu vida va a cambiar a través del tiempo, no será fijo ni invariable. ¿Cómo así? Bueno, cuando vives diferentes experiencias tu cerebro se expande o se contrae y no vuelve a ser el mismo. Tus limitaciones se transforman y entiendes que puedes lograr cosas que antes no podías. Te voy a dar algunos ejemplos de mi propia vida.

Cuando comencé en el ámbito laboral trabajé para General Electric en Puerto Rico y tenía hambre de crecer. Tanto así que mi propósito era convertirme en el puertorriqueño con el rango más alto de la compañía a nivel global, aspiración de la cual desistí cuando me percaté de que ese sueño iba a chocar con mi sueño de ser el mejor padre posible y estar presente para mis hijos. Veía cómo los líderes a quienes emulaba pasaban demasiado tiempo lejos de sus hogares, a veces tomaban la decisión (difícil para ellos, fácil para mí) de tener que elegir entre tener buenos resultados en su profesión o pasar tiempo en familia. Crecer profesionalmente en esa industria representaba someterme a un sinnúmero de sacrificios que no estaba dispuesto a hacer. Aun cuando no era padre, yo sabía que esa era una meta que aspiraba a realizar.

Pasaron los años, me iba bien (al menos, según la definición que la sociedad nos enseña), pero en mi mente estaba latente el hecho de que quería hacer algo más que simplemente trabajar. Sin embargo, no sabía exactamente qué era. Entonces comencé a hacerme una pregunta que cambió mi rumbo: «¿Qué quiero hacer por el resto de mi vida?». Puede parecer fácil, pero es una pregunta en la que puedes pasar mucho tiempo sin llegar a responder. En mi caso siento que aún no tengo la solución definitiva.

Comencé a encontrar algunas respuestas y entre ellas estaba el hacer de mi país una mejor nación. No sabía exactamente qué significaba eso, pero cuando mi padre falleció recordé que de niño me llevaba a hacer actividades comunitarias a centros de niños que habían sido abusados física y sexualmente, así que decidí honrar su memoria y cumplir mi propósito uniéndome a la junta de directores al directorio de un hogar para niños y mujeres abusadas. Durante dos años sentí que había encontrado mi propósito, pero faltaba algo más.

En esa misma época me había unido a un grupo, creado por mi amigo Amaury, en el que nos dedicábamos a entrenar y a aprender juntos. Sin darnos cuenta, habíamos formado un equipo en el que nos rendíamos cuentas sobre nuestra salud, aprendizaje y crecimiento emocional. Ahí me sentía como pez en el agua. Nunca en mis tres décadas y media había aprendido tanto, tan rápido y de una manera que me hiciera sentir totalmente revitalizado, como si hubiese encontrado un elixir distinto. Ahí encontré mi propósito.

El día que entendí que no era justo quedarme con todo lo que estaba aprendiendo, decidí impactar la mayor cantidad de personas posible. De ahí donde nació mi movimiento Gana Tu Día y decidí que no descansaría hasta impactar la vida de cien mil personas de habla hispana a través de la formación de hábitos y el desarrollo personal.

Hoy ese es mi propósito, pero entiendo que en un futuro ese propósito puede cambiar o evolucionar. Como dije anteriormente: si no le tiras a algo no le darás a nada. Tu propósito debe sentirse como una cosa que puedes hacer sin esfuerzo y que al mismo tiempo te permite aportar a algo mucho más grande que tú. Ese propósito debe impactar a otras personas, hacer el mundo mejor. Debe sentirse como algo que harías hasta el momento de tu último respiro. No hay otro tú en este planeta y esa es la clave.

Persigue lo que te llena. Si en el camino cambias de rumbo no pasa nada. Es tu vida y eres la única persona que puede responder para qué estás en este planeta. Comienza.

TOMA ACCIÓN

Te invito a buscar constantemente, a través de experiencias que llenen tu corazón, cuál es tu propósito en esta vida.

- ¿En qué momento sientes que lo que haces podría ser algo a lo que te dediques por el resto de tu vida?
- ¿Cuáles de tus fortalezas podrían ayudar a otras personas?
- ¿Sientes que tu propósito actual es el correcto o crea algún conflicto con otras áreas de tu vida?

RUTA GANADORA

Desde hace más de diez años he tenido una alarma en mi celular todos los domingos que dice: «¿Qué quiero hacer por el resto de mi vida?». Aun cuando es una pregunta genérica, me ayuda a darle atención a mi propósito y a entender si lo que estoy haciendo hoy realmente es lo que quiero seguir haciendo. No significa que tenga epifanías sobre mi propósito todas las semanas, simplemente me indica que debo evaluar constantemente lo que quiero lograr. Te invito a preguntarte con frecuencia qué es aquello que harías todos los días que le restan tu vida.

¿CUÁNDO PIENSAS LIBERARTE?

Miles de años de civilización humana y aún seguimos confundiendo ser libres con tener exceso de riqueza económica cuando en realidad puedes ser libre con lo que tienes hoy.

Hace unos años me encontraba en la sala de espera de un hospital y no pude evitar escuchar a dos personas hablando sobre sus trabajos. Una de ellas dijo: «Ya a mí solo me quedan diez añitos para retirarme, así que me quedo tranquilo, haciendo lo menos que pueda para irme y comenzar a gozar la vida». Por un momento no pude creer lo que estaba escuchando. ¿Cómo es que alguien puede pasar diez años de su vida esperando para comenzar a vivir? Obviamente en este punto del libro ya entiendes mi obsesión por el tiempo.

En mi mente esa persona estaba cumpliendo una sentencia haciendo tiempo, igual que los presos, permaneciendo en un empleo que odiaba, como si no tuviera más opciones. Ese debe ser un sentimiento horrible. Una vida de desespero, desesperanza y desperdicio. Tirar a la basura los años más productivos de tu vida haciendo algo que no amas es doloroso.

Esa conversación hizo que acelerara mi enfoque para dedicarme cien por ciento a mi propósito. Aunque al momento de escribir este libro aún no he renunciado a mi empleo, diariamente asumo la libertad de trabajar en lo que más amo mientras consigo impactar vidas, compartir todo lo que he aprendido para ayudar a otras personas y aprovechar al máximo cada minuto que la vida me permite disfrutar.

Durante mis años como *coach* me he topado con muchas personas que me dicen:

—Carlos, una de mis metas es tener libertad financiera.

—Muy bien, ¿qué significa libertad financiera para ti? —les riposto de forma automática.

La mayoría no lo saben, simplemente es un término que escuchan o leen y repiten porque asumen que es eso lo que les dará esa felicidad que tanto persiguen. Entiende, tener más dinero no te dará libertad si no la tienes primero en tu mente y en tu corazón. No me malinterpretes, vivo rodeado de personas con libertad financiera, expertos en finanzas e inversiones y sí, yo también quiero libertad financiera, pero la única razón es porque me ayudaría a amplificar mi propósito.

Hace poco viví un momento que me ayudó a identificar cuán libre soy. Nos encontrábamos pasando un domingo familiar, mi esposa, mis dos hijos y yo, en un lugar al aire libre donde hay diferentes sitios de comida. Era una tarde nublada en la que había llovido intermitentemente. En el piso irregular del establecimiento se habían formado varios baches de agua. Mamá se encontraba ordenando comida con Carlos Ignacio y yo estaba caminando con Catalina Isabel de la mano. De repente, la niña vio un bache y me dijo: «¿Papá, podemos brincar en el bache?». Jamás pensé que una pregunta tan simple me iba a invitar a crear uno de los análisis más profundos de mi vida.

En cuestión de segundos me dije tantas cosas: «Catalina tiene zapatos nuevos», «mamá nos va a regañar». «Yo también tengo zapatos nuevos», «no tengo ropa para cambiarme y vamos a ir ensopaos para la casa» ... Hasta que llegué a esta conclusión:

«Si cohíbo a mi hija de este momento feliz probablemente me reprocharé el resto de mi vida y estaré aportando a su cárcel de limitaciones, pero si brincamos en ese charco ambos seremos libres, al menos por un segundo». Entonces, comenzamos a brincar en el agua. Sus zapatos y ropa estaban empapados. Su pelo y su cara mojados, pero en su sonrisa y sus ojos había una felicidad que no he podido borrar de mi mente. Lágrimas de emoción brotan mientras recuerdo ese momento.

Luego sucedió algo maravilloso. De repente estábamos rodeados por un grupo de madres y padres que, con sus hijos, empezaron a observarnos brincar una y otra vez en cada uno de los charcos. Esto creó un efecto dominó: otros niños comenzaron a brincar mientras sus padres los observaban con sonrisas a flor de piel. Catalina y yo nos liberamos mientras invitamos a todo el que nos observaba a ser libre junto a nosotros. Lo mejor de todo fue que mamá no nos regañó.

Ese día entendí que ser libre es hacer las cosas sencillas que amas sin importar lo que la gente piense de ti. Aprendí que ser libre no tiene nada que ver con el dinero. Ese día internalicé que mi libertad puede ayudar a muchas más personas a buscar la suya propia.

TOMA ACCIÓN

Te invito a cuestionarte lo que significa libertad para ti.

- ¿Cómo defines tu libertad?
- ¿Qué significa libertad financiera para ti?
- ¿Qué cosas puedes hacer hoy para vivir una vida libre?
- ¿Cuánto vale realmente tu libertad?

RUTA GANADORA

En el libro *El factor latte*, David Bach explica tres secretos para entender que no necesitas ser rico para vivir una vida de abundancia. Si no lo has leído, te lo recomiendo, aunque voy a dar un pequeño *spoiler* a continuación. Su tercer secreto es simple, pero poderoso: «Vive en abundancia hoy, no en un futuro distante, sino hoy». Si logras entender eso, tendrás toda la libertad que necesitas.

¿Y SI HOY ES TU ÚLTIMO DÍA?

Un día soñé que la vida era solo una. El próximo día me levanté a vivir como si fuese cierto.

Mientras estamos saludables pensamos que ese momento nunca llegará, que nos queda tiempo, que eso les sucede a otras personas, pero no a nosotros. Sí, hablo de la muerte. De ese inevitable desenlace al cual yo y todas las personas que lean esto vamos a llegar. Es inevitable. Cuando naciste tenías una sola cosa asegurada: que ibas a morir. Pese a eso, es un tema del que la mayoría de las personas huyen. Tal vez por el miedo al dolor del proceso de morir o el miedo de dejar a otras personas atrás, pero por lo general el mayor miedo viene a causa de pensar que aún le quedan muchas cosas por hacer. No es un secreto que las razones por las cuales las personas sufren realmente en su lecho de muerte no son todos los errores cometidos, sino todas las cosas que no se atrevieron a hacer a lo largo de su vida.

Pienso que, al igual que el acto de nacer, el punto exacto en el que expiramos no debe ser doloroso. Simplemente es un cambio enorme de energía que llevamos toda nuestra existencia tratando de explicar. No quiero ser injusto, hasta este momento no creo que haya tenido un encuentro cercano con la muerte, como las personas que han superado alguna enfermedad terminal, algún accidente o un atentado contra sus vidas. A pesar de eso, creo que he enfrentado la muerte muchas veces, como cuando me lancé en paracaídas, tal vez en momentos en los que estuve en lugares peligrosos o quizá el día en que presencié un asalto en un restaurante.

También la enfrento cada vez que manejo un auto, al cruzar la calle de una avenida e incluso al bajar las escaleras de mi apartamento. Todos los días enfrento la muerte. Es por eso que decidí hacer las paces con ella. No le voy a huir más, simplemente voy a vivir entendiendo que en cualquier momento puede llegar. No le temo a la muerte, pero le tengo terror a no vivir plenamente, a dejar cosas inconclusas o no lograr todo aquello de lo que soy capaz.

Todos y cada uno de los días de mi vida busco hacer lo mejor posible dentro de lo que está en mi control. Busco trabajar en mi mente a través de la meditación y la lectura. Trabajo en mi salud a través del ejercicio y el cuidado de mi cuerpo. Trabajo en mis emociones utilizando la gratitud, el perdón y el autoanálisis como herramientas. Trabajo en mi propósito, ya sea con mis mentorías, *podcasts* o adiestramientos. Trabajo en amar, abrazando, besando y tocando, de una forma u otra, la vida de las personas que más amo todos los días.

Yo no sé cuándo será mi último día, por eso vivo cada uno como si lo fuera. Si la muerte llega, que va a llegar, estaré listo. De eso se trata ganar tu día: no importan las circunstancias, vas a hacer todos los días lo mejor que puedas. Si hoy es el último, te vas sin ningún tipo de remordimiento, jugando tu mejor mano con las cartas que tenías.

En la siguiente oración resumo todo lo que quise darte en mi primer libro. Si logras entenderla te habré enseñado todo lo que sé:

Vivir una vida acumulando memorias mientras persigues un propósito te ayudará a crear una vida plena, eliminará tu miedo a morir y te transformará en una persona que, no importa que día de la semana, del mes o del año en que se encuentra, abraza cada día como si fuese el último.

TOMA ACCIÓN

Te invito a pensar más a menudo en tu último día para que te ayude a profundizar sobre cómo vives cada uno de los días que le anteceden.

- ¿Qué cosas quieres hacer antes de partir?
- ¿Qué esperas para comenzar a hacerlas hoy?
- ¿Cuánto esfuerzo diario pones en tu forma de vivir la vida?
- Si mueres hoy, ¿sentirás satisfacción con lo que hiciste?

RUTA GANADORA

Tu vida se convertirá en un reflejo de lo que es tu día. Si quieres vivir una vida plena, diseña cómo serán tus días y da lo mejor que tengas para cada uno de ellos.

CONCLUSIÓN

CONSTRUYE TU RUTA, ES TU DEBER, ES TU DECISIÓN

Hay personas que opinan que su vida está totalmente predeterminada desde el momento en que nacieron. Piensan que los eventos y circunstancias de su existencia fueron asignados de antemano y que no tienen la capacidad de cambiarlos, que han sido establecidos por alguna fuerza superior o un plan divino. Desde pequeño siempre me cuestioné esto. ¿Cómo es posible que mi destino esté decidido desde antes de yo nacer? ¿Cómo es eso de que yo no tengo el poder de decidir? O sea, ¿yo no tengo vela en este entierro? Imposible.

Supongamos que es cierto. Imaginemos que yo no tengo el poder de decidir mi destino porque ya está «escrito en piedra» desde el momento en que abrí los ojos por primera vez. De ser así, entonces ¿para qué me levanto todos los días a perseguir sueños? ¿Para qué dedicar tiempo en busca de aprender cosas nuevas, en cuidar mi salud si al final del día, no importa lo que haga, el desenlace será el mismo? Si fuera cierto, entonces ¿de qué vale mirar a ambos lados de la calle antes de cruzar? ¿Cuál sería la razón para querer ser mejor persona? ¿Para qué hacer planes si al final del día no hará diferencia? ¡Pues no, carajo! Me rehúso. Si eso fuera cierto todo lo que hago diariamente perdería sentido, dado que mi ruta está trazada.

De hecho, si hay algo de lo que estoy convencido es que tengo la capacidad de decidir. Creo fielmente que el poder más grande que me ha sido otorgado desde que desarrollé el uso de la razón durante mi niñez es el de elegir. Tanto así que en un futuro cercano probablemente lo plasmaré como premisa sobre mi piel de manera permanente.

La elección deliberada es un tema que se discute desde hace cerca de 2 400 años, durante los tiempos de uno de los filósofos más importantes de la historia, Aristóteles. Según Aristóteles, necesitamos esta voluntad para desarrollar los hábitos (llamados *hexis* en griego) que nos llevan a una vida virtuosa. Siglos después, filósofos estoicos, como Séneca y Epicteto, utilizaron el término *proairesis* para describir este libre albedrío para elegir. Tanto Aristóteles como los estoicos fueron firmes en la importancia de la elección deliberada para alcanzar la eudemonía, lo que hoy conocemos como vivir una vida plena.

Entonces, podríamos concluir que hay dos tipos de personas en este mundo, aquellas que piensan que la suerte está echada y aquellas que saben que su vida será desarrollada en base a las decisiones que tomen día a día. Me inclino a pensar que tú te encuentras en el segundo grupo y que también rechazas la idea del destino predeterminado, de una forma u otra. De lo contrario, no habrías llegado hasta aquí, mucho menos hubieras invertido tu tiempo leyendo algo que «no hará mella» en el transcurso de tu vida. Toda acción que tomas (o no tomas) diariamente contribuye a tus metas, a tu futuro, a la persona que quieres ser. Es ahí donde este poder increíble de toma de decisiones es tan crucial. Tienes en tus manos el control de decidir sobre qué hábitos quieres y puedes crear para, con ello, colocar la piedra diaria que irá edificando tu camino. Construir tu ruta significa que tienes fe, que crees o, más bien, sabes que puedes cambiar tu rumbo actual y dirigir tu vida hacia donde desees.

Al comenzar este libro te conté la historia de cómo pasé de odiar mis lunes a amarlos. Quiero repasar la razón de por qué esa decisión fue tan importante. Hagamos unos pequeños cálculos. El ser humano promedio vive aproximadamente 80 años. Digamos que las personas que leen este libro, en promedio, comienzan a trabajar profundamente en transformar su vida a los 30 años (ese fue mi caso, te felicito si has comenzado antes de esa edad, y si comenzaste después de los treinta te prometo que aún estas a tiempo). Eso quiere decir que al lector promedio le quedan aproximadamente 2 500 lunes en su vida adulta. Eso equivale a 2 500 oportunidades para empezar tu semana con un sentimiento de repugnancia hacia lo que vas a hacer o 2 500 oportunidades de empezar con una energía que otras personas solo sueñan tener. La diferencia entre ambas personas recae en algo muy simple: una decisión.

Confieso que la decisión no necesariamente es sencilla u obvia. El principio de aversión a la pérdida hace que tengamos preferencia a evitar pérdidas que a adquirir ganancias de igual magnitud. Es decir, se nos hace más fácil evitar salir de la vida que llevamos que trabajar para tener una ganancia distinta, todo por no perder las cosas que tenemos en nuestro diario vivir. Como dicen el refrán, muchas veces tratamos nuestra vida bajo la premisa de «mejor malo conocido que bueno por conocer». Esta es la explicación de por qué se nos hace tan difícil tomar acción hacia la vida que queremos versus la que estamos viviendo.

No puedo garantizarte resultados, de hecho, nadie puede. Lo que sí te puedo garantizar es que si has ido respondiendo a las preguntas en este libro la decisión será cada vez más fácil de tomar. Tu vida ha estado dando un giro de 180 grados. Has aprendido a conocerte, a generar la energía correcta, a enfocarte en lo que realmente quieres y a crear el plan para alcanzarlo. Has ido entendiendo que tienes el control y que la clave para alcanzar lo que quieras está en tu preparación, tu núcleo (tanto físico, como de personas) y en quién te apoyas para lograrlo. Si has utilizado este libro correctamente has estado cimentando tu ruta, bloque a bloque, día a día.

Finalmente, te sugiero que no vayas tras la felicidad, es muy escurridiza. Mejor ve tras ser mejor a diario, entiende que nuestro tiempo aquí es más limitado de lo que parece y que no necesitas llegar al final de tu vida para vivir en plenitud, sino que es algo que puedes comenzar a hacer hoy mismo.

Nada de lo que contiene este libro te exime de tener días «malos» o retantes (no hay tal cosa como bueno o malo, siempre tendrás el poder de decidir cómo etiquetar tus días). Por el contrario, te confirmo que esos días son muy necesarios. Lo que sí es cierto es que ir encontrando las respuestas te ayudará a reponerte mucho más rápido de esos días y a aprovechar mucho más la vida, a verla de otra forma, a entender que es un regalo el tiempo que tenemos aquí y que tenemos que exprimirlo como si no hubiera mañana, porque realmente el día de mañana no está garantizado.

Cuando comienzas a hacerte todo este tipo de preguntas empiezas a encontrar respuestas que implican cambios en tu vida. Una vez que creas conciencia sobre la necesidad de esos cambios vas a ir creando inercia y te adentras en el inicio de una transformación que es casi imposible de detener. Al llegar a ese punto, amar los lunes se torna inevitable, es la señal que esperamos con ansias para seguir evolucionando hacia lo que siempre soñamos ser, evolución que nunca va a terminar mientras respiremos.

Sal a construir tu ruta, crea la vida que mereces. Es tu decisión. Es tu responsabilidad.

Recuerda que eres la única persona responsable de todo lo que pasa en tu vida, que la forma en que cumples tus sueños es desarrollando los hábitos que te acercan a ellos, eres tus hábitos. Diariamente toma las acciones te que acercan a tu futuro «yo» para que cuando llegues a la cama puedas decir: «Hoy, yo gané mi día».

AGRADECIMIENTOS

Sin estas personas este libro no hubiera llegado a tus manos.

A mi brújula, mi equilibrio, mi esposa, Mairim Wiscovich. Este es también tu logro. Has hecho sacrificios impensables para permitirme escribir este libro y poder difundir mi mensaje lo más posible. El día que me sugeriste la idea de que escribiera este libro no pude detenerme hasta que tuve la estructura completa. Diste en el clavo. Me diriges cuando he perdido el rumbo. Nada de lo que he logrado desde que creé Gana Tu Día sería posible sin ti. ¡Gracias! Gracias por regalarme la razón para amar mis lunes y por diariamente convertirte en mejor madre para Catalina Isabel y Carlos Ignacio. Nadie jamás me podrá obsequiar un mejor regalo. Sin todos los momentos en los que tu prioridad fue darme espacio para crear no hubiese podido cumplir este sueño ni los que vienen en camino. Te amo.

A mi mamá, Erenia Castro. La persona más influyente en mi vida. Gracias, porque tú y papi se levantaron lunes tras lunes, semana tras semana, para darnos a mi hermana y a mí mucho más de lo que ustedes jamás tuvieron. Lo que nos dijeron jamás sobrepasará lo que nos enseñaron con su ejemplo.

A Jan Morales, quien en menos de un año de amistad ha hecho por mí lo que muchas personas no harán en su vida entera. Gracias por tu transparencia. Aparte del equipo editorial, has sido la persona que más ha influenciado el mensaje de este libro. Tu opinión objetiva ha mejorado grandemente lo que era una buena idea y la ha convertido en la mejor versión de mi voz. Gracias por estar ahí sin esperar nada a cambio.

A José Galíndez, por obligarme a aumentar mis capacidades como *coach* al confiar en mí para guiar parte de su proceso. Gracias por regalarme las mejores palabras que jamás hubiera imaginado como prólogo para mi primer libro. Intercambiar ideas contigo ha significado crecer como persona.

A Silverio Pérez, Verónica Avilés, a la doctora Mariel Buqué y a Juan Santiago, por endosar mi mensaje al mundo. Sus palabras me honran y su apoyo hará que este libro llegue a muchas más personas de las que jamás imaginé. Gracias por engalanar mi legado.

A mi equipo editorial, por darse a la ardua tarea de poner en palabras bonitas los disparates que escribo con mi español de pacotilla. Gracias por su paciencia, por empujarme y por llevar mi mensaje al mundo.

A toda la comunidad de Gana Tu Día, porque son parte de mi sueño, han sido parte de mi propósito y sin saberlo me han empujado a escribir algo que espero que nos haga llegar a muchas más personas. Crear material para ayudarlos a crecer es mi mayor fuente de aprendizaje y creatividad diariamente. Solo busco otorgarles todo lo mejor que haya aprendido.

A las personas que regularmente me hacen saber cómo he impactado sus vidas. Gracias, porque sus comentarios muchas veces llegan como bálsamo en el momento en el que la energía para continuar se ha hecho escasa. Son ustedes el recordatorio de por qué no puedo parar en mi visión de impactar la vida de 100 000 personas.

A todos los líderes mundiales de desarrollo personal que han influenciado mi trabajo, muchos de ellos mencionados en este libro. Sería un reto enorme nombrarlos a todos y que no falte nadie. No pretendo sonar iluso diciendo que este trabajo es pura inspiración o que soy el único creador cuando en realidad representa mi propia versión de todo lo aprendido y lo vivido a través de su trabajo. Gracias por guiarme y hacer que nuestro mundo mejore día a día. Juntos lograremos que más personas tengan vidas plenas.

A todo el que cree en mí y en lo que hago. Gracias, porque, aunque no podamos verlo ni explicarlo, su energía es recibida y sus buenas intenciones hacia mí se reflejan en los resultados de su propia vida.

A toda persona que dudó, duda y sigue dudando de mí, gracias. En ocasiones han hecho que trabaje más fuerte. También he entendido que mi razón de ser es mucho más grande que su duda y que su opinión solo tendrá un efecto en mí si así lo permito. Espero que tengan mucho aguante, porque no pienso detenerme.

BIBLIOGRAFÍA

CAPÍTULO 1

Hardy, B. (2018). *Willpower Doesn't Work: Discover the Hidden Keys to Success.* Hachette Books.

Hardy, B. (2020). *Personality Isn't Permanent: Break Free from Self-Limiting Beliefs and Rewrite Your Story.* Portfolio.

CAPÍTULO 2

IPSOS. (13 de febrero de 2018). *Most Americans Experience Feeling Dissatisfied with How Their Body Looks from Time to Time, Including Nearly Two in Five Who Feel This Way Whenever They Look in the Mirror.* Obtenido de IPSOS.com: https://www.ipsos.com/en-us/news-polls/most-americans-experience-feeling-dissatisfied-with-body-looks-from-time-to-time

Laura. (17 de mayo de 2023). *CÓMO HACER LA RESPIRACIÓN DE FUEGO EN YOGA*. Obtenido de www.theclassyoga.com:

Muraven, M., & Baumeister, R. F. (2000). *Self-regulation and depletion of limited resources: Does self-control resemble a muscle?* Obtenido de APA PsycArticles: Journal Article: https://psycnet.apa.org/doiLanding?doi=10.1037%2F0033-2909.126.2.247

Robbins, T. (s.f.). *DISCOVER YOUR PEAK STATE.* Obtenido de www.tonyrobbins.com: https://www.tonyrobbins.com/stories/unleash-the-power/discover-your-peak-state/

Stevenson, S. (2016). *Sleep Smarter.* Brilliance Audio.

CAPÍTULO 3

Achor, S. (2020). *The Happiness Advantage: The Seven Principles of Positive Psychology That Fuel Success and Performance at Work.* Currency.

Carnegie, D. (2020). *How to Win Friends & Influence People.* Pocket Books.

Goleman, D. (2006). *Emotional Intelligence 10th (tenth) edition Text Only.* Nueva York: Bantam Books.

Morse, G. (01 de june de 2002). *Hidden Minds.* Obtenido de Harvard Business Review: https://hbr.org/2002/06/hidden-minds#:~:text=Probably%2095%25%20of%20all%20cognition,visible%20and%20easy%20to%20access

Willeumier, K. (2020). *Biohack Your Brain: How to Boost Cognitive Health, Performance & Power.* William Morrow.

CAPÍTULO 4

Covey, S. (2004). *The 7 Habits of Highly Effective People: Powerful Lessons in Personal Change.* Free Press.

Hardy, B. (2020). *Personality Isn't Permanent: Break Free from Self-Limiting Beliefs and Rewrite Your Story.* Portfolio.

Herold, C. (2019). *Vivid Vision: A Remarkable Tool for Aligning Your Business Around a Shared Vision of the Future.* Lioncrest Publishing.

Sinek, S. (2017). *Start with Why: How Great Leaders Inspire Everyone to Take Action.* Portfolio.

CAPÍTULO 5

Agirregabiria, M. (31 de marzo de 2021). *Falacia del Concorde y otros costes irrecuperables (sunk costs).* Obtenido de blog.agirregabiria.net: https://blog.agirregabiria.net/2021/03/la-falacia-del-concorde-y-otros-costes.htm

Agrebo, E., Mortensen, P. B., Erikkson, T., Quin, P., & Westergaard-Nielsen, N. (10 de febrero de 2001). *Risk of suicide in relation to income level in people admitted to hospital with mental illness: nested case-control study.* Obtenido de National Library of Medicine: https://www.ncbi.nlm.nih.gov/pmc/articles/PMC26575/

Assaraf, J. (s.f.). *How I Went From*. Obtenido de myneurogym.com: https://www.myneurogym.com/mfga/
Dayan, S. (agosto de 2019). *Omne Trium Perfectum*. Obtenido de Modern Aesthetics: https://modernaesthetics.com/articles/2019-july-aug/omne-trium-perfectum/pdf
Elkins, K. (10 de julio de 2017). *10 habits to start in your 20s if you want to be a millionaire*. Obtenido de cnbc.com: cnbc.com/2017/07/10/10-habits-to-start-in-your-20s-if-you-want-to-be-a-millionaire.html
Fogg, B. (2020). *Tiny Habits: The Small Changes That Change Everything*. Harvest.
Lipton, B. (2021). *La biología de la creencia (Edición 10° Aniversario): La liberación del poder de la conciencia, la materia y los milagros*. LA ESFERA DE LOS LIBROS, S.L.
Marsh, S., Dobson, R., & Maddison, R. (22 de abril de 2020). *The relationship between household chaos and child, parent, and family outcomes: a systematic scoping review*. Obtenido de BMC Public Health: https://bmcpublichealth.biomedcentral.com/articles/10.1186/s12889-020-08587-8
PsyChcentral. (06 de mayo de 2022). *The Link Between Messy Rooms and Depression*. Obtenido de psychcentral.com: https://psychcentral.com/depression/messy-room-depression#recap

CAPÍTULO 6

Goggins, D. (2018). *Can't Hurt Me: Master Your Mind and Defy the Odds* . Lioncrest Publishing.
Graziosi, D. (2016). *Millionaire Success Habits*. Dean Graziosi.

Hof, W. (s.f.). *Regular ice baths*. Obtenido de www.wimhofmethod.com: https://www.wimhofmethod.com/regular-ice-baths#:~:text=Exposing%20oneself%20to%20cold%20conditions,like%20fibromyalgia%20and%20rheumatoid%20arthritis

Howes, L. (2017). *The Millionaire Morning.*

Lakhiani, V. (2020). *Master your mind and your reality with the revolutionary meditation method now used by the world's top performers*. Obtenido de www.mindvalley.com: https://www.mindvalley.com/learn-meditation

CAPÍTULO 7

Carnegie, D. (2020). *How to Win Friends & Influence People.* Pocket Books.

CAPÍTULO 8

Duckworth, A. (2016). *Grit: The Power of Passion and Perseverance* . Scribner.

Duhigg, C. (2014). *The Power of Habit: Why We Do What We Do in Life and Business.* Random House Publishing Group.

Dweck, C. (2007). *Mindset: The New Psychology of Success* . Random House Publishing Group.

Hill, N. (2017). *Think and Grow Rich: The Original, an Official Publication.* The Napoleon Hill Foundation.

Koch, R. (1999). *The 80/20 Principle: The Secret to Achieving More with Less.* Currency.

CAPÍTULO 9

Agarwal, N. (s.f.). *Life stats.* Obtenido de neal.fun: https://neal.fun/life-stats/

Barcelona, U. d. (09 de noviembre de 2016). *Cociente Intelectual (CI)*. Obtenido de Casos en red: http://www.ub.edu/casosenxarxa/glossary/cociente-intelectual-ci/

Lakhiani, V. (2016). *The Code of the Extraordinary Mind: 10 Unconventional Laws to Redefine Your Life and Succeed On Your Own Terms*. Rodale Books.

CAPÍTULO 10

Bach, D., & Mann, J. D. (2019). *The Latte Factor: Why You Don't Have to Be Rich to Live Rich*. Atria Books.

SOBRE EL AUTOR

Carlos Figueroa es un maestro de la transformación personal que está revolucionando la manera en que vives y ganas cada uno de tus días. Con más de quince años de experiencia en el escenario corporativo, en empresas Fortune 500, Carlos ha canalizado su experticia hacia su pasión por el crecimiento humano.

Imagina a alguien que no solo entiende tus metas y sueños más profundos, sino que te guía con precisión para desbloquear todo tu potencial. Ese es Carlos Figueroa, estratega de vida y *coach* de hábitos, un nombre que resuena con resultados tangibles y una vida de plenitud.

Desde su travesía personal de superación, Carlos ha creado Gana tu día, una revolución de hábitos diseñada especialmente para personas hispanas que anhelan la excelencia. Su visión consiste en impactar positivamente las vidas de 1.000.000 de personas ayudándoles a entender que son las pequeñas acciones que toman diariamente las que determinan su futuro «yo». A través de cursos transformadores, talleres inmersivos y un coaching individualizado de alto impacto, Carlos provee las herramientas que necesitas para construir una vida plena y efectiva.

Carlos no solo te habla de hábitos; él te guía hasta convertirte en esa persona que siempre has deseado. Su enfoque está cimentado en hábitos efectivos y la organización personal, las bases de una vida por la cual sentirás total satisfacción. Ha fungido como orador en conferencias de gran alcance y ha trabajado como colaborador experto en hábitos y desarrollo personal en distintos medios, tanto dentro, como fuera de su país. Carlos también ha servido de *coach* a algunos de los empresarios más exitosos de su país.

Detrás de sus logros se encuentra una sólida formación con un título en Ingeniería Eléctrica, una maestría en Administración de Empresas, estudios en psicología, gran pasión por la autoeducación en temas de crecimiento personal y una certificación como *life coach*, entre otras.

Te invitamos a sumergirte en un viaje de autodescubrimiento guiado por el experto que está cambiando el juego en el mundo del crecimiento personal siguiéndole en sus plataformas de redes sociales, así como en su canal de YouTube, en donde comparte valor diario para toda su audiencia. Carlos reside en Puerto Rico, donde comparte su vida con su esposa, Mairim, su hija, Catalina Isabel, y su hijo, Carlos Ignacio.